APROXIMACIÓN A LA HISTORIA DE ROLLÁN

MATEO MARTÍN BERROCAL

APROXIMACIÓN A LA HISTORIA DE ROLLÁN

DESDE FINALES DEL SIGLO XII HASTA LA RESTAURACIÓN MONÁRQUICA

Salamanca, 2025

Ediciones de la Diputación de Salamanca
Serie Ayuntamientos, n.º 72

1.ª edición, 2025

Diputación de Salamanca
e-mail: ediciones@lasalina.es
http://www.lasalina.es

Diseño de Cubierta: AF Diseño Gráfico

ISBN: 978-84-7797-780-3
DL S 233-2025

Imprime: Gráficas LOPE, s.l.

Impreso en España

Índice

Introducción 11

Toponimia y repoblación 15

    ¿De dónde procede el topónimo 'Rollán'? 15

    Repoblación o repoblaciones de Rollán 16

    Hipótesis sobre la iglesia de San Juan 17

Rollán y la Orden Militar de Alcántara 21

    Breve historia de la Orden de Alcántara 23

    ¿Desde cuándo pertenece Rollán a la O. A.? 25

    La jurisdicción eclesiástica 26

    La jurisdicción civil 28

    La jurisdicción criminal 29

Rollán núcleo de población 33

Administración de la villa de Rollán 35

    1 Hasta el siglo xv 36

    2 En el siglo xv 37

    3 Desde el siglo xvi hasta 1842 37

    4 Desde 1842 hasta el final del priorato 39

El Priorato de Rollán 43

    ¿Cuándo se crea el priorato de Rollán? 43

    ¿Quién nombra al prior? 45

    Bienes, derechos y rentas del priorato en Rollán 47

    Priores de Rollán 48

El beneficio curado 49

Sacristanía de Rollán 51

Renovación de la iglesia parroquial 53

   1 Descripción de la iglesia 54
     1.1 En el interior 55
     1.2 En el exterior 57

   2 Otras descripciones y reparos posteriores 59

   3 La capilla de San Antonio 69

Los Apeos 73

   1 Apeo de 1574 74

   2 Apeo de 1739 74

   3 Apeo de 1826 75

Pleitos diversos 77

   1 Pleitos por la jurisdicción eclesiástica del priorato 77

   2 Pleitos de la villa contra sus señores 79
     2.1 Contra un Comendador 80
     2.2 Contra un escribano intruso 81
     2.3 Contra un administrador 81
     2.4 Contra un visitador 82
     2.5 Contra un prior 84

   3 Otros pleitos de interés 87
     3.1 Contra Tomé Sánchez y Asencio Herrero 87
     3.2 Hacendados y labradores contra los caseros 88

Rollán durante la Edad Moderna 91

La operación del Catastro de Ensenada 93

   1 Algunas respuestas generales al interrogatorio 95

   2 Bienes declarados de algunos propietarios 101

   3 Perceptores de algunos derechos impuestos 103

Rollán a finales del s. xviii 107

   a/ Nuevo retablo de la iglesia 107

   b/ Reforma de la Ermita de los Mártires 109

Rollán durante el s. XIX... 115

   Guerra de la Independencia y consecuencias 115

   Nuevo emplazamiento del cementerio.................................... 116

   Las desamortizaciones 118

     1   La desamortización de Mendizábal.............................. 119

     2   La desamortización de Madoz 119

   Venta de Bienes desamortizados 121

   Libros de actas del Ayuntamiento... 126

   Nuevas roturaciones de terreno 130

   Rollán en los años anteriores al final del priorato................. 132

Fin del priorato de Rollán.. 135

Demografía-censos de población 141

Apéndices documentales... 145

Tablas cronológicas... 161

Fuentes documentales 169

Fuentes tecnológicas... 171

Bibliografía.. 173

Abreviaturas y siglas... 177

Introducción

Comencé a investigar la historia de Rollán a mediados del ya lejano mes de octubre de 1988, con la intención de hacer una historia que abarcara todas las épocas posibles, y en la confianza de obtener datos para todas ellas. Pero una cosa son los sueños y otra la realidad que se encarga de que bajemos nuestras aspiraciones. En efecto, comencé a buscar documentación sobre el pueblo y no tardé mucho tiempo en darme cuenta de lo difícil que iba a ser hilvanar una historia sobre él; porque la documentación que encontraba era más escasa de lo que imaginaba. A ello se añadía que mi capacidad para emprender un trabajo de esta importancia, pronto me pareció bastante más limitada de lo que creía.

Partía del conocimiento de que Rollán hubiera pertenecido más de seis siglos y medio a la Orden Militar de Alcántara, y que, incluso, llegó a haber un priorato de Rollán perteneciente a dicha Orden. Pero la principal fuente de información para conocer este período no se encontraba en Salamanca, sino en el Archivo Histórico Nacional, en la sección de Órdenes Militares. Así que, esporádicamente, me desplazaba a Madrid, aprovechando algún día de vacaciones o los días que en Salamanca eran festivos y en Madrid no, como el 12 de junio y el 23 de abril.

Si a esta dificultad añadimos el hecho de que la documentación a manejar estaba en legajos escritos a mano hace siglos, en un castellano antiguo y —en ocasiones— con abreviaturas nada fáciles de interpretar para mí, puede concluirse que si pretendía llegar a escribir un libro sería en un futuro nada próximo. Por eso, no me marqué limitación alguna de tiempo. Sabía que iba a ser una andadura muy larga.

En mi planteamiento para llegar a conseguir el objetivo final, lo único que tenía seguro era la determinación de no desfallecer; porque pensaba que llegarían temporadas de desgana y fatiga, con deseos de abandonar el objetivo. Y es cierto que llegaron. He tenido períodos de un año, incluso más largos, sin hacer nada del tema. Entre las páginas siguientes hay unas cuantas escritas desde hace tiempo (tengo la manía de datar todo lo que escribo), desde antes de acabar el siglo pasado.

No estaba conforme con lo conseguido; porque había dejado muchas lagunas y porque me desanimó no poco el hecho de que en los desplazamientos al Archivo Histórico Nacional las horas que allí pasaba apenas me resultaban positivas. Por eso mismo, lo había dejado en espera, con la intención de abordarlo posteriormente, añadiéndole nuevos datos que surgieran. Además, cambié de objetivo. Aprovechando que tenía más a mano el Archivo Municipal de Rollán me dispuse a escribir sobre la historia más reciente del siglo pasado. Fruto de ello fueron dos libros que conseguí publicar.

Después de más de dos décadas volví a retomar el trabajo que dejé pendiente. ¿Por qué después de tanto tiempo? En abril de 2019 el Ayuntamiento de Rollán programó una conferencia sobre "La Orden de Alcántara en la provincia de Salamanca. Rollán y la Encomienda de la Magdalena", impartida por el profesor de Derecho Civil de la Universidad de Salamanca, Ramón García Gómez. El motivo de la misma era que Rollán había sido incluido entre varios 'lugares de encuentro' que, bajo el lema: «Provincia Universitaria» promocionaron, durante ese año, la Diputación de Salamanca y la Universidad de Salamanca.

Del contacto con el profesor, al terminar su conferencia, obtuve la posibilidad de que me facilitara material sobre la Orden de Alcántara y, en efecto, por correo electrónico recibí amplísima documentación relacionada con el tema. Incluía no solo trabajos suyos, sino también publicaciones de otros autores sobre la Orden de Alcántara.

Viendo parte de su documentación aún no sentí el empujón que necesitaba para continuar investigando sobre la etapa en que Rollán dependió de la Orden Militar de Alcántara, más concretamente de la Encomienda de la Magdalena, llegando a ser —como he referido anteriormente— un priorato de dicha Orden.

Además, repasando los datos que yo tenía me llevé la desagradable sorpresa al ver que me habían desaparecido algunas notas de pie de página, quizás por culpa de los diversos programas de Word utilizados, como consecuencia de los cambios de ordenador o, seguramente, por mi error al tomar la nota o al no tomarla por olvido. En algunos casos he podido subsanar este problema, porque he encontrado más recientemente la documentación de la aclaración o explicación requerida.

Lo cierto es que, a pesar de la documentación recibida, no retomé el trabajo hasta más de dos años después. Seguía pensando igual que cuando lo dejé en el ya lejano año de 1999, porque no me sentía capaz de lograr algo medianamente interesante. Pero, en septiembre de 2021, volví a sentir el gusanillo de la investigación sobre Rollán y, repasando más concienzudamente alguna de la documentación del profesor Ramón García, me di cuenta de que podía rellenar varias de las lagunas que tenía para hilvanar una aproximación a la historia de mi pueblo que podía resultar de algún interés, al menos, para muchos rollaneses.

La metodología utilizada ha sido la siguiente: partiendo de cuando surge o se inicia cada tema o hecho histórico he seguido la evolución cronológica hasta su final, antes de narrar o describir el siguiente.

En esta obra intento reflejar una aproximación a la historia, no del priorato de Rollán, sino del pueblo de Rollán, durante el tiempo que este perteneció a la Orden de Alcántara, e incluso antes de ello; es decir, desde finales del siglo XII hasta el último cuarto del siglo XIX, aunque en alguno de los temas he alargado el final unos años más; porque consideraba de interés su prolongación.

Por último, quiero añadir que, tal vez, en mi aproximación a la historia de Rollán haya excesivas citas e —incluso— algunas de ellas demasiado largas. Pero, creo que en una historia son imprescindibles. Además, las he resaltado, porque —como anteriormente he referido— me siento poco capacitado para este trabajo (no es falsa modestia), y son los autores de ellas quienes han contado esta historia. Yo, solo he intentado, como mejor he sabido, hilvanarla y hacerla verosímil.

Toponimia y repoblación

¿De dónde procede el topónimo 'Rollán'?

Existen dos hipótesis o teorías sobre su origen: una, que es un topónimo franco, y otra, que es un topónimo prerromano.

–   La primera, mucho más aceptada por los historiadores, cree que proviene del nombre de persona "Roldán", y tendría su origen hacia el siglo XII, cuando Rollán fué repoblado por los francos o ultrapirenaicos. Los defensores de esta teoría piensan que, a pesar de ser escasos los restos toponímicos de los pobladores francos, y sobre todo en el campo, entre los pocos documentados se encuentra Rollán. Llorente Maldonado da una lista de nombres que hacen relación a sus pobladores y, entre los francos y ultrapirenaicos, incluye a Rollán, como derivado del topónimo Roldán[1]; seguramente el nombre de la persona más importante de los que llevaran a cabo la repoblación del pueblo, o su fundador.

La cita más concreta de Llorente Maldonado a la que me refiero, dice: "Rollán era nombre de los de la etnia franca y ultrapirenaica, una de las que repoblaron el alfoz de Salamanca en la Edad Media"[2].

Bienvenido García Martín, citando *El libro de todos los préstamos que la Yglesia e Catedral de Salamanca ha e tiene en la dicha ciudad, en sus tierras...* relaciona todos los términos por cuartos, y en el Cuarto de Baños, al que pertenece Rollán, también cita a *Coxos de Roldán*[3]. La copia documental aparece con fecha de 1345, pero en nota al margen figura la del documento original de donde fue copiado el texto. Es la de 1265. Así pues, en el caso de Cojos (que sería después, Cojos de Rollán, actualmente desaparecido como núcleo de población), en esa fecha aún seguía siendo de Roldán, no de Rollán. Lo que avalaría, de manera muy importante, la hipótesis de que el topónimo es de origen franco.

---

1   LLORENTE MALDONADO DE GUEVARA, A.: *Toponimia e Historia*. Granada, 1970.

2   LLORENTE MALDONADO DE GUEVARA, A.: *Toponimia salmantina*, Diputación de Salamanca. Salamanca, 2003, p. 49.

3   GARCÍA MARTÍN, B.: *El proceso histórico de despoblamiento en la provincia de Salamanca*. Ed. Universidad de Salamanca. Salamanca, 1982, p.40.

También Angel Barrios García es partidario de la opinión de Llorente Maldonado y Bienvenido García, aunque con menos convicción, cuando dice: *"… probablemente fueran francos los fundadores de Coxos de Rollán, Francos y Rollán"*[4].

– La segunda hipótesis es, que proviene del topónimo *rollo*, y de origen anterior a los romanos; es decir, se trataría de un topónimo prerromano. Esta teoría pudiera estar avalada basándose en que la mayoría de los topónimos de los alrededores tienen este origen. Lo que nos llevaría a pensar, si esto fuera cierto, en un origen de la población de Rollán muy anterior a esta repoblación del s. XII[5].

De topónimos prerromanos, en los alrededores de Rollán, parece ser el origen de las poblaciones siguientes: Berrocal, Carrascalino, Carrascal de Barregas, La Mata, La Vega, Las Navas de Quejigal y Sagos[6].

Repoblación o repoblaciones de Rollán

Admitiendo, con C. Sánchez Albornoz la dificultad de saber, no solo quiénes fueron los distintos repobladores de estos siglos medievales, *"sino también, y principalmente, cuándo tuvo lugar la repoblación"*[7], en general, los autores[8] están de acuerdo en que la repoblación de Rollán fue llevada a cabo por francos, como dejamos dicho anteriormente. Con esta denominación se comprende a todos los ultrapirenaicos (francos, aquitanos, borgoñones, ingleses, etc.) que, como dice González García[9], sin duda serían protegidos por los dos personajes más relevantes de la repoblación salmantina del siglo XII: don Raimundo de Borgoña (que fue el director de la repoblación, encargado por su suegro Alfonso VI[10]) y el Obispo don Jerónimo, ambos ultrapirenaicos. Además, los francos, junto con los serranos, eran los linajes considerados, en Salamanca, como la nobleza de la ciudad. Por eso, tal vez no sería descabellado pensar que Rollán pudiera ser un lugar interesante y estratégico de repoblar; pues había sido elegido por los repobladores más importantes.

La primera referencia escrita que tenemos de Rollán se remonta al 14 de marzo de 1194. Está escrita en latín y se refiere a la incautación de la iglesia de San Juan, por el rey Alfonso IX[11], a Pedro Pérez de Villafranca (ver Apéndice n.º 1).

---

4   BARRIOS GARCÍA, A.: *Repoblación de la zona meridional del Duero. Fases de ocupación, procedencias y distribución espacial de los grupos repobladores*, en Studia Histórica. Historia Medieval, n.º 3. 1985, p. 65.

5   En este sentido, el profesor de la Universidad de Salamanca, Marciano Sánchez Rodríguez, cuando observó la topografía del terreno no descartaba que Rollán fuera un castro prerromano.

6   LLORENTE MALDONADO DE GUEVARA, A.: *Toponimia Salmantina*, Diputación de Salamanca, 2003, pp. 94-107.

7   SÁNCHEZ ALBORNOZ, C.: *Repoblación y Toponimia*, p. 33.

8   Además del ya citado Sánchez Albornoz, estarían: Antonio Llorente Maldonado, Manuel González García, Julio González, Bienvenido García Martín, etc.

9   GONZÁLEZ GARCÍA, M.: *Salamanca: La repoblación y la ciudad en la Baja Edad Media*. Salamanca, 1973, p. 21.

10   LLORENTE MALDONADO DE GUEVARA, A.: *Toponimia Salmantina*, Diputación de Salamanca, 2003, p. 50.

11   GONZÁLEZ, Julio: *Regesta de Alfonso IX*. Madrid, 1944. La cita literal es la siguiente: "Quod ego incauto Petro Petri de Villafranca eclesiam suam sancte Marie de Rasinde et ecclesiam Sancti Johannis de Ratulam et

Independientemente de esta primera referencia histórica escrita, Rollán existiría ya unos años antes, según lo acredita un sillar invertido o piedra fundacional, con una inscripción, seguramente incompleta, con la leyenda: Era (símbolo de mil) CCXX (ver Apéndice n.º 2). Se encuentra en la iglesia parroquial junto al gran arco ojival que separa el ábside de la nave y, en la actualidad, casi oculta a la vista por un conjunto del Descendimiento o 'Piedad' (vulgarmente llamado *Paso de las Angustias*[12]). La era a la que se refiere es la hispánica, que data 38 años más que la era cristiana. Luego, se trataría —en este caso— de un año de la década de 1180.

Así pues, en esa fecha, resulta lógico deducir la existencia de una pequeña comunidad, viviendo ya en el término de Rollán. Admitiendo este hecho, surgen varias preguntas con relación a la repoblación: ¿cuándo se inicia esta?, ¿hubo interrupción? Seguro, debido a la penuria de hombres para ocupar las tierras que se iban conquistando, a los musulmanes durante esa etapa de la Edad Media.

Hipótesis sobre la iglesia de San Juan

Como hemos visto, en Rollán hay población a finales del siglo XII; sin duda, se trata de la repoblación raimundiana, llevada a efecto por "naturas" o linajes, como dice González García; y generalmente se admite que son francos o ultrapirenaicos. Pero, según el texto de Julio González, al que antes nos hemos referido, la iglesia de San Juan le pertenecía a una persona de Villafranca (del Bierzo), Pedro Pérez. Esto nos llevaría a afirmar que no solo fueron francos los que repoblaron Rollán, o que antes de los francos estuvieron otros repobladores de Villafranca del Bierzo. Sin embargo, todo puede coincidir perfectamente cuando sabemos que esta localidad berciana, ya desde finales del siglo XI, es lugar de asentamiento de una numerosa comunidad de peregrinos francos, quienes, sin duda, pudieron iniciar la aventura de la repoblación de localidades situadas bastante más al sur.

Al igual que la ciudad de Salamanca, Rollán también tuvo otra *segunda repoblación*, en el siglo XIII, en su primer cuarto, promovida por Alfonso IX. En esta ocasión, llevada a cabo por la Orden Militar de Alcántara. Pero, entonces, ¿de quién dependía la población que se había asentado antes de la llegada de esta orden? Tal vez, no sería descabellado pensar en algún tipo de relación de Rollán con la Orden del Temple o, menos probable, con la de San Juan[13], consecuentemente, anterior a la dependencia de la Orden de Alcántara. Esta hipótesis podría venir avalada por varios datos muy concretos que pueden considerarse complementarios:

– La relación, admitida desde los inicios de la repoblación, de Rollán con la Iglesia de Santa María Magdalena, la parroquia sobre la que, el P. Cámara, Obispo de Sala-

---

alias suas hereditates ibicumque illas habuerit... et ut nullus de illis aliquam exigat facendariam..." (Archivo Diocesano de Astorga, Cart. Carracedo, f. 361, copia incompleta).

12   Creo que he sido la primera persona que fotografió y sacó a la luz este sillar fundacional, que nos remite a la primitiva iglesia de San Juan.

13   El San Juan al que se refiere esta orden es San Juan de Jerusalén (Obispo, s. IV-V).

manca, hablando de las parroquias suprimidas a comienzos del siglo xx, dice: "Había pertenecido primero a los Templarios, y después a la Orden de San Juan..."[14].

- El nombre de la primera iglesia conocida era de *Sancti Johannis* (San Juan) y, sin ninguna duda, se acepta como santo patrón de la Orden del Temple a San Juan Evangelista.

- Una iglesia que, como anteriormente se ha dicho, ya existía a finales del siglo xii, concretamente en el año 1194.

- Las cruces 'patadas' que aparecen en varios de los sillares que forman parte de la iglesia parroquial actual; pues aún conservan el color encarnado ¿de la cruz de los templarios? Es la cruz que añadió el papa Inocencio III, a mediados del siglo xii, al manto blanco, como símbolo de la disposición de ánimo en que habían de estar, de derramar su sangre, si era preciso, por la fe.

Cruces paté en la iglesia de Rollán (Fotos: Roberto Martín)

- Cuando, en 1218, la Orden de Calatrava dio a la del Pereiro, además de la villa de Alcántara, todos los demás bienes que tenía en el Reino de León, no es probable que Rollán estuviese incluido entre estos bienes; porque se relacionan algunas poblaciones y no se encuentra entre ellas.

Es cierto que ninguno de estos datos puede considerarse concluyente, porque la relación con la Magdalena pudo ser posterior. Igualmente, los sillares pueden proceder de otro lugar y el nombre de la iglesia podría ser pura coincidencia; pero no por ello la hipótesis de Rollán con un origen perteneciente a la Orden de los Templarios parece exenta de verosimilitud. Ciertamente, en todo caso, se habría tratado de un establecimiento por breve espacio de tiempo. En fin, todo ello es una hipótesis mía. Pero lo que sí es cierto, y en ello coinciden generalmente los autores, es la pertenencia de Rollán a la Orden Militar de Alcántara.

Pero, dejando aparte estas digresiones, de lo que no hay duda es de que se trataría de una iglesia románica; pues aún podemos observar restos típicos de este arte, como:

- Fragmentos pictóricos a ambos lados del retablo actual. Es muy probable que el mismo retablo esté ocultando más restos de frescos.

---

14   CÁMARA Y CASTRO, T.: *Estadismo de la Diócesis de Salamanca*, año 1902; p. 35.

- Tal vez, la forma semicircular que se aprecia en el frontal exterior del ábside, sea también uno de los restos de la anterior iglesia de San Juan.
- Varios sillares con marcas típicas del románico, como flechas o símbolos geométricos.
- Además de varias cruces patadas, como hemos indicado anteriormente, alguna de ellas aún con restos de pintura encarnada.

Rollán y la Orden Militar de Alcántara

Dando por admitida la pertenencia de Rollán a la Orden Militar de Caballería de Alcántara, me parece oportuno hacer una breve referencia a las órdenes militares y, después, más concretamente, a la Orden de Alcántara.

Sobre Órdenes Militares

Las órdenes militares de caballería fueron instituciones religioso-militares creadas como sociedades de caballeros cristianos en tiempos de las Cruzadas; en principio, para defender los Santos Lugares en tierras de Palestina (Templarios, Hospitalarios y del Santo Sepulcro), y luego aplicadas a la propagación o defensa de la fe cristiana contra los musulmanes (como en España durante la Reconquista), los paganos o contra otros cristianos a los que se les consideraba herejes. Estos caballeros estaban sometidos a los votos de las órdenes religiosas, por eso se les consideraba 'mitad monjes, mitad soldados'. Claro que no todos los miembros de la comunidad eran caballeros-monjes, los había que eran consagrados; es decir, solo monjes. Posteriormente, muchas de estas órdenes se secularizaron.

Una orden militar para que se considerara fundada oficialmente necesitaba:
- Ser aprobada por el papa.
- Someterse a una regla monástica.
- Tener unos estatutos por los que se iba a regir.
- Vestimenta y blasón propios.

Las principales, no las únicas, órdenes militares españolas fueron Santiago, Calatrava, Alcántara y Montesa.

Es solo la Orden de Alcántara la que nos interesa. Y cumple esas cuatro condiciones referidas de la manera siguiente:
- Fue aprobada y confirmada por Bula de Alejandro III, dada el 29 de diciembre de 1177[15].

---

15   RADES Y ANDRADA, F. DE: *Crónica de las tres órdenes y caballerías de Santiago, Calatrava y Alcántara*, Toledo, 1572, fol. 2.

- "… desde el principio de su fundación se guardó en ella la Regla de San Benito, moderada y limitada, como convenía para el ejercicio de la guerra contra Moros, para lo cual fue instituida"[16].
- Los estatutos por los que se rigió fueron también los de San Benito.
- Respecto al hábito y blasón propios: Al principio llevaban unas "Chías de paño y un escapulario". Después, terminó siendo el mismo hábito y blasón de los calatravos, salvo que la cruz flordelisada era verde, no roja.

El papa Lucio III, en la bula de 1183 (era 1221) "…Hizo exempta a esta Orden, y que fuese nullius diócesis, a suplicación del dicho maestre (don Gómez): y de los prelados siguientes…"[17].

Breve historia de la Orden de Alcántara

Se debe hacer una aclaración previa y es que los historiadores no se ponen de acuerdo sobre los orígenes de esta orden. Sobre este tema de los orígenes, Ramón García Gómez, en las dos primeras páginas de su obra: *La Orden de Alcántara en la provincia de Salamanca. Rollán y la encomienda de la Magdalena*, expone las opiniones de dos cronistas importantes de la orden:

- Para Alonso Torres y Tapia[18] (fraile alcantarino), la Orden del Pereiro fue fundada en 1156, y sus fundadores fueron Suero y Gómez Fernández Barrientos, salmantinos. En la Ribacoa, por entonces perteneciente a Salamanca. Sus reglas aprobadas por Ordoño II, obispo de Salamanca (1159-1164).
- Para Rades y Andrada[19] (fraile calatravo), la fundación es posterior a 1158, y por Gómez. Y fue aprobada, como dependiente de la Orden de Calatrava, en el año 1177 por el papa Alejandro III.
- Para Ramón García el origen de la milicia de San Julián se enmarca entre los años 1168 y 1172[20].

Pero, como dice Luis Corral Val: "un gran desconocimiento envuelve sus orígenes, ya que conservamos muy pocos documentos del siglo XII"[21]. Para él la versión más probable, siguiendo al historiador hispanista norteamericano J. F. O´Callaghan[22] es:

---

16   RADES Y ANDRADA, F. DE: *Ob. cit.*, f. 2 v.
17   *Ibidem*, f. 2 v.
18   TORRES Y TAPIA, A.: *Crónica de la Orden de Alcántara*, t. I, Madrid, 1763, p. 5.
19   RADES Y ANDRADA, F. DE: *Crónica de las tres órdenes y caballerías de Santiago, Calatrava y Alcántara*, Toledo, 1572, fol. 1r.
20   GARCÍA GÓMEZ, R.: *La Orden de Alcántara en la provincia de Salamanca. Rollán y la encomienda de la Magdalena*, Salamanca Provincia Universitaria, 2019, en pdf, p. 3.
21   CORRAL VAL, L.: *La Orden de Alcántara: organización institucional y cita religiosa en la Edad Media*. 3 vol. Dpto Hª Medieval, Universidad Complutense. Madrid, 1998; p. 151. Es su tesis doctoral, en la que se trata amplia y detalladamente este tema de los orígenes de la O. Alcántara.
22   O'CALLAGHAN, J.F.: *La fundación de la Orden de Alcántara, 1176-1218*. <Revista Histórica Católica> 1962.

San Julián del Pereiro, en sus comienzos, fue un monasterio dedicado a la vida religiosa y, probablemente, tendrían un hospital (de él se tiene constancia en 1265) para cuidar heridos y enfermos. Esta hipótesis también es apoyada por el historiador J. J. Sánchez-Oro Rosa[23].

El monasterio estaba construido en la ribera del río Coa. Actualmente, pertenece a Portugal, cerca de la frontera con Salamanca, pero entonces era territorio del Reino de León y el rey era Fernando II. A su lado crecía un corpulento peral (*pereiro*). De ahí procede el nombre primero de la Orden: San Julián del Pereiro.

La prioridad como fundador se le atribuye al salmantino don Gómez Fernández Barrientos, según resulta del Real Privilegio concedido por el rey don Fernando de León, en enero de 1176, y dirigido a la comunidad religiosa de San Julián del Pereiro, donde se denomina a Gómez primer fundador.

¿Cuándo pasó a ser una orden también Militar? No se sabe con certeza, pero una bula del papa Lucio III, del año 1183, nos presenta ya una cofradía religioso-militar, y ya denomina maestre a don Gómez[24].

Después de unos primeros años vividos en independencia, cuando la Orden de Calatrava conquista la ciudad de Alcántara se llega a un pacto entre ambas ordenes militares, de manera que esta ciudad, a petición del rey Alfonso IX ante el maestre de la Orden de Calatrava, es cedida a la Orden de San Julián del Pereiro, pasando esta a tener la sede en dicha ciudad; por lo cual, desde entonces tomó el nombre de Orden Militar de Alcántara. Según Rades y Andrada[25], este pacto se produce el 16 de junio de 1218, porque la Orden de Calatrava, después de 5 años de la conquista de Alcántara a los 'moros', se encuentra con dificultades para defender dos fronteras con estos. En este pacto la Orden del Pereiro recibe, además de la ciudad de Alcántara, todas las propiedades de la Orden de Calatrava en el Reino de León. Sin embargo, el rey propone como contrapartida a la Orden del Pereiro que *"su maestre y freiles fueren visitados, instruidos y reformados por los Maestres de Calatrava"*. Esto fue aceptado por el maestre del Pereiro, don Nuño Fernández, quien solo puso una condición:

> (…) que el Maestre de Calatrava no pudiese poner en la Orden de San Julián del Pereiro prior que fuese Monje (calatravo); sino a las personas della fuese lícito elegir prior de los de su casa… (además) que para las elecciones del Maestre de Calatrava fuese llamado el Maestre del Pereiro y que el Maestre de Calatrava no tuviese poder para enajenar cosa alguna de los bienes de la Orden del Pereiro[26].

La Orden del Pereiro pasó a llamarse de Alcántara. En esta ciudad construyeron el Sacro Convento de San Benito. El hermanamiento es tan fuerte que se llega a decir que

---

23   SÁNCHEZ-ORO ROSA, J.J.: *Orígenes de la iglesia en la diócesis de Ciudad Rodrigo. Episcopado, Monasterios y órdenes militares (1161-1264)*. Ciudad Rodrigo, 1997.

24   CORRAL VAL, L.: *Ob. cit.*, p. 162.

25   RADES Y ANDRADA, F. DE: *Ob. cit.*, p. 6 y 6 v.

26   RADES Y ANDRADA, F. DE: *Ob. cit.*, p. 6 v. Al parecer el contrato se firmó en Ciudad Rodrigo.

esta representa la rama leonesa de la Orden Militar de Calatrava[27]. Incluso llega a adoptar la misma cruz flordelisada en el hábito, aunque de sinople (verde), si bien los alcantarinos no usaron este distintivo:

> hasta el año 1411, en que el Papa Benedicto XIII permitió a los individuos de esta orden el uso de la cruz verde sobre las ropas exteriores, en lugar de las capillas que antes traían asidas al escapulario[28].

Las relaciones entre ambas ordenes militares pasaron por periodos de vicisitudes e incidencias, incluso a muy poco de hacerse el pacto, según se cuenta en las *Definiciones de la Orden de Alcántara*, la Orden de Calatrava no cumplió con lo capitulado en lo que se refería a la elección del maestre de Calatrava:

> (...) que cuando acaeciese vacar la Dignidad Maestral de Calatrava fuese llamado el Maestre del Pereyro a la elección del futuro Maestre de Calatrava. Esta concordia la autorizó el Rey D. Alfonso IX en Ciudad Rodrigo, a dieciséis de julio de mil doscientos dieciocho[29].

Por este motivo, la Orden de Alcántara no quiso recibir a los visitadores de Calatrava y fue libre de sus visitaciones. Muchos años después, la de Alcántara, 'impetró' una bula del papa Julio II que este expidió el año 1505, y otra de León X, en el año de 1513, "y por ellas se tiene por libre, y exenta de aquel antiguo reconocimiento y pacto"[30].

Las Órdenes Militares estaban dirigidas por un maestre (es la primera Dignidad), el cual era elegido por el consejo de 'Los Trece' frailes. Su cargo era vitalicio. El maestre tenía:

> todo el gobierno, espiritual y temporal (de la orden)… Era juez ordinario en todas las causas civiles y criminales que surgieran entre los Comendadores, Freires, Caballeros y Clérigos, así como entre los vasallos de todo el maestrazgo"[31].

El último maestre de Alcántara fue Juan de Zúñiga y Pimentel, desde 1474 hasta el año 1494, en que los reyes católicos[32] anexionaron temporalmente a la Corona el maestrazgo de la Orden. Posteriormente, mediante una bula de Adriano VI, del 4 de mayo de 1523[33], se unen, perpetuamente, a la Corona de Castilla los maestrazgos de las Órdenes de Santiago, Calatrava y Alcántara. Desde entonces la realeza, bien el propio rey o alguno de sus familiares, ostenta el cargo como administrador general y perpetuo de la orden.

---

27   LOMAX, Dereck W.: *Las Órdenes Militares en la península ibérica durante la Edad Media*. Instituto de Historia de la Teología Española, 1976, p. 60.

28   MUÑIZ, Fr. Roberto: *Medula Histórica Cisterciense*. T. VII. Valladolid 1789, p. 19.

29   DÍAZ DE LA CARRERA, D.: *Definiciones de la Orden y Cavallería de Alcántara con la Historia y Origen della*. Madrid, 1663, p. 11.

30   DÍAZ DE LA CARRERA, D.: *Ob. cit.*, p. 15.

31   BENITO RODRÍGUEZ, J. A.: *Rollán cristiano. Apuntes sobre Nuestra Iglesia*, Rollán, 2005, p. 6.

32   Según el ESPASA, en 1494 Fernando V agregó la Dignidad de Gran Maestre a la Corona.

33   ORTEGA Y COTES y Otros.: *Bullarium ordinis militiae de Alcántara, olim S. Juliani del Pereiro*, Madrid, 1759, pp. 801-804.

Fueron otras Dignidades de la Orden de Alcántara:
— prior del sacro convento de Alcántara
— comendador Mayor
— Clavero
— Sacristán Mayor
— prior de Magacela

Hay algunos autores que incluyen el priorato de Rollán como Dignidad superior al de Magacela. Es el caso de Clodoaldo Naranjo Alonso, quien indica que "por eso dijo Torres Tapia que este priorato último (el de Magacela) era la 6.ª Dignidad de la Orden"[34]. Pero, esta situación debió cambiar; porque no concuerda con que el 17 de junio de 1826 se nombra prior de Rollán a frey don Fernando Zambrano para sustituir a don Juan María de Bolaños, por promoción de este, a "la Dignidad de prior de Magacela"[35].

Para mayor conocimiento de la historia de la Orden Militar de Alcántara durante la Edad Media son básicas y fundamentales las Crónicas citadas de Francisco Rades y Andrada y Alonso de Torres y Tapia (este último, fue prior de Alcántara en 1622). De gran importancia es, también, el *Bulario de la Orden*, de Ortega y Cotes[36]. Ya de época más reciente destacaría la tesis doctoral de Luis Corral Val, del año 1998, que también he citado anteriormente.

Pero, refiriéndonos más concretamente a la historia de Rollán, estimo de gran interés algunas de las publicaciones de Ramón García Gómez, especialmente, *La Orden de Alcántara en la provincia de Salamanca. Rollán y la Encomienda de la Magdalena.* Sin olvidar otros escritos de los rollaneses José Antonio Benito Rodríguez y José Manuel Garrido González.

¿Desde cuándo pertenece Rollán a la Orden de Alcántara?

Es generalmente admitido que Rollán perteneció a la Orden de Alcántara, desde muy antiguo, dependiendo de la Encomienda de la Magdalena. Pero, intentemos fijar el momento de ello; o, si esto no es posible, dar las fechas aproximadas o acontecimientos que pudieron ser el origen de la incorporación de Rollán a dicha orden.

En el pacto de 1218, al que antes nos hemos referido entre ambas órdenes, y que la Orden de Calatrava dio a la del Pereiro todos los bienes que tenía en el Reino de León, no se relaciona la población de Rollán. Ciertamente, puede constatarse una pequeña laguna histórica desde que se comienza a habitar este lugar hasta que pasa a depender de la Orden Militar de Alcántara.

En julio de 1219 el rey don Alfonso IX de León otorga una Carta del fuero dado a los pobladores de las dos parroquias de la Magdalena y San Marcos de la ciudad de Salamanca.

---

34 NARANJO ALONSO, C.: *El Priorato de Magacela. Memorias de una Dignidad de la insigne Orden de Caballería de Alcántara.* En Revista de Estudios Extremeños, t. III. Badajoz, 1947, p. 402.

35 AHN, OO.MM., Consejo de Órdenes, *Leg. N.º 5252, Libro 1º.*

36 ORTEGA Y COTES, I. J. y Otros.: *Ob. cit.*, Madrid, 1759.

Como recompensa da la puebla de San Marcos al Cabildo de la Clerecía de Salamanca, y —según Torres y Tapia— el rey Alfonso IX, cuando le entrega la puebla de Santa María Magdalena a la Orden Militar de Alcántara para su repoblación, es muy probable que le agregase la Aldea de Rollán. Y, añade, que el maestre García Fernández de Barrantes, con fecha 8 de abril de 1268:

> dio *fuero* a la Aldea de Rollán, quatro leguas de la Ciudad de Salamanca, donde hoy tiene la Orden un Priorato"[37].

Antes del fuero, en los primeros momentos de la repoblación, suponemos que Rollán, como cualquier núcleo rural castellano-leonés, trataría de organizarse según las normas jurídicas dictadas por su ciudad más cercana. Parece que, en la Baja Edad Media, Rollán pertenece —dentro de la Extremadura Leonesa— al Concejo de Salamanca.

Los fueros defendían la vida y los bienes de todos los vecinos, incluso de los que no pertenecían al concejo[38] que se consideraban 'extraños'. Pero los vecinos del concejo tenían más derechos económicos para utilizar los recursos naturales en los límites del término: aprovechar los pastos para sus ganados, labrar los ejidos, cazar, pescar... porque "la calidad de vecino garantizaba algunos derechos en el territorio concejil"[39].

Sin embargo, los privilegios de los vecinos sobre los extraños se manifestaban más claramente en la esfera judicial. Su testimonio se tomaba como más seguro.

La jurisdicción eclesiástica

La opinión tradicional era que las órdenes militares:

> ... estaban sujetas directa e inmediatamente a la santa sede, y exentas de la jurisdicción diocesana"[40].

En este sentido, que la concesión de la jurisdicción eclesiástica a la Orden de Alcántara y, por tanto, *a todos sus territorios* arranca de cuando la Orden de San Julián del Pereiro es confirmada por el papa Alejandro III, en bula dada el 29 de diciembre de 1177 (algunos autores la datan el 4 de enero del año siguiente); pero en la parte final del documento se establecía que la comunidad del Pereiro no quedaba exenta de la jurisdicción episcopal. Es decir, dependían del papa y del obispo diocesano. Sin embargo, con la bula de Lucio III, del 4 de abril de 1183, otorgada a favor del "maestre Gómez y sus freires" se pensaba que había quedado exenta de la jurisdicción episcopal y sometida de forma directa e inmediata al papado:

---

37   TORRES y TAPIA, A.: *Crónica de la Orden de Alcántara*. T. I, Madrid, 1763, p. 388.

38   AUROV, O.: *El concejo medieval castellano-leonés: el caso de Soria*. En Anuario de historia del derecho español, n.º 76, 2006, p. 51.

39   *Ibidem*, p. 50.

40   CORRAL VAL, L.: *La Orden de Alcántara: Organización institucional y cita religiosa en la Edad Media*. vol. 3. Departamento de Historia Medieval, Universidad Complutense. Madrid, junio, 1998; p. 256.

… con la declaración de estar el Lugar de la Orden exento de le Ley Diocesana, prohibiendo, que ninguno pueda poner, en él, excomunión ni entredicho, fuera del Romano Pontífice, y con la facultad de que el Crisma, Santo Óleo, Consagración de Altares o Basílicas, y las Órdenes puedan recibirlas del Obispo que quisieren[41].

Parece haber alguna contradicción entre las dos bulas. Queda la duda de si debía o no tener alguna dependencia de la jurisdicción episcopal. Hay autores que se preguntan si, entre ambas bulas, hubo algún otro documento que insistiera más en la exención episcopal; porque lo cierto es que, posterior a la bula de 1183, hubo otras bulas o documentos papales que remarcaban la exención o, al menos, la dependencia principal o prioritaria de una superior jurisdicción papal.

La dependencia prioritaria de la orden del Pereiro-Alcántara con respecto al papado legitimó a esta última institución durante toda la Edad Media a acudir en defensa de los bienes y personas de la orden, ante la insistente petición de amparo por parte de freires militares para defenderse, no sólo de los ordinarios diocesanos, sino también de otros poderes que amenazaban su patrimonio y libertades[42].

Es decir, el papado se hizo defensor y garante de los bienes y personas de la orden, mediante la emisión de diversas bulas.

Para corroborar esta afirmación, puede citarse la documentación siguiente:

– En la bula de Gregorio IX, dada en Roma el 16 de julio de 1233, se relacionan nuevos privilegios sobre facultades para absolver de censuras, irregularidades y dispensar en diversas penas, como también sobre la exención de diezmos y de otros subsidios.

– Martín V, en bula dada en Roma el 8 de diciembre de 1426, concedió que los religiosos de la orden pudieran servir los curatos, lo que confirmó Inocencio VIII, el 9 de abril de 1486, en otra bula.

– Julio II, en bula dada en Roma el 6 de diciembre de 1503, concedió que ninguno pudiese castigar a ninguna persona de la orden, sino el Abad de Morimond, y que solo él pudiese visitar y reformar las encomiendas y lugares.

– Incluso a los vasallos, la bula dada en Roma por León X, el 18 de julio de 1521:

… los declara exentos de toda jurisdicción, superioridad, visita, dominio y potestad de los arzobispos y obispos… eximiéndolos de la paga de subsidios, aunque sean caritativos, y de otras exacciones semejantes. Y siendo especie de sacrilegio disputar de la Pontificia Potestad, no se podrá dudar estar concedida la jurisdicción ordinaria[43].

– También Clemente VII, por bula de 6 de mayo de 1530, concedió el privilegio de que "los Priores de Alcántara pudiesen, a todos los asistentes, dar la bendición, y

41   BUSAL., Sign. T. 1175. ORTEGA Y COTES, J. I.: *Representación legal con sinopsis… sobre la jurisdicción eclesiástica concedida a las referidas Órdenes, que pertenece a V. M. por derecho de la Corona, a que están unidos los Maestrazgos*, n.º 42, p. 43.

42   CORRAL VAL, L.: *Ob. cit.*; p. 269.

43   ORTEGA Y COTES, J.I.: *Ob. cit.*; n.º 43, p. 44.

conceder las Indulgencias, que acostumbrasen los obispos en sus diócesis; gracias correspondientes a la Dignidad quasi episcopal"[44].

— Concedió también Paulo III a la Orden de Alcántara, el 9 de agosto de 1540, que "de cualesquiera sentencias, pronunciadas por los Priores o vicarios no pueda apelar a su Santidad, sin que antes se evacúe la primera apelación en el Consejo de la Órdenes"[45].

A pesar de las bulas y concesiones de los distintos papas, para el Obispado de Salamanca las cosas no debían estar muy claras, porque los obispos de Salamanca seguían manteniendo su derecho de visita a Rollán, negando constantemente que esta jurisdicción le perteneciera ejercerla a la Orden de Alcántara. Por este motivo, se llegó a tener algún pleito con los obispos de Salamanca (lo trataré más adelante). De hecho, Ramón García Gómez dice que:

… los Privilegios de 1429 no hacían mención a cambios en jurisdicción eclesiástica, pues se referían a Rollán como un … 'lugar de la dicha vuestra Orden en la Diócesis de Salamanca', por lo que entendemos que estaba sujeta (en aquellos momentos) a la ordinaria del obispado, cuestión siempre discutida por la Orden y que solo consiguió ser reconocida a su favor y judicialmente en 1591, reinando Felipe II[46].

Todavía, a principios del s. XVI, consta que en el arciprestazgo de Baños se encuentra:

… el beneficio curado de la villa de Rollán, que es de la encomienda de la Madalena de la Orden de Alcántara[47].

La jurisdicción civil

Hasta el s. XV, según Torres y Tapia, la jurisdicción civil de Rollán pertenecía o correspondía al Concejo de Salamanca, según el Fuero de 1268; pero sin prerrogativas penales ni civiles. Esta situación se modificó algo, cuando el rey Alfonso XI, a petición de su abuela María de Molina:

… con acuerdo de la Reina D.ª María, su abuela y tutora hizo merced a los vecinos de Rollán, a pedimento de Alfonsianes, Comendador de la Magdalena, que pudiesen entrar vino en esta villa[48].

---

44   ORTEGA Y COTES, J. I.: *Ob. cit.*; n.º 44, p. 45.

45   ORTEGA Y COTES, J.I.: *Ob. cit.*; n.º 45, pp. 45-46.

46   GARCÍA GÓMEZ, R.: *"El Rey y El Maestre (Los privilegios de Rollán en el s. XV)"*; en Rev. La Madroña n.º 25, de 2020, p 26.

47   Archivo General de Simancas (AGS) Leg. 163, Patronato Eclesiástico de Salamanca, 24 de noviembre de 1519. Cita tomada de BENITO RODRÍGUEZ J. A.: *Rollán Cristiano (Apuntes sobre nuestra iglesia)*, 2005., p. 7. También la cita GARCÍA GÓMEZ, R.: en *La orden de Alcántara en la provincia de Salamanca. Rollán y la encomienda de la Magdalena*, p. 16.

48   TORRES Y TAPIA, A.: *Ob. cit.*; T. I, p. 524.

En conformidad con su abuela y regente, D.ª María de Molina, promulgó una carta de merced en Valladolid el 20 de mayo de 1320, por la que concedía a los vecinos de Rollán el derecho a introducir vino en la villa, derogando las prohibiciones del Concejo salmantino e incorporando una exención de vital relevancia para una localidad[49].

Lo mismo que pasaba con la jurisdicción eclesiástica de Rollán, respecto a sus problemas de exención del obispado, ocurría con la jurisdicción civil. Había dudas de si esta seguía o no dependiendo del Concejo de Salamanca.

Para intentar resolver el pleito, del año 1425 existe una escritura de compromiso entre la Ciudad de Salamanca y el comendador de la Magdalena sobre la jurisdicción de la Puebla de esta, que comprendía las casas de la Magdalena y del lugar de Rollán. Se cita la sentencia dada el 31 de octubre de 1425 (ver Apéndice n.º 3).

> que en dicha Puebla y Lugar se nombrasen en cada parte dos alcaldes al año, uno por el Comendador y otro por los vecinos de dicha Puebla y Lugar, y señalaron la forma en que estas justicias habían de conocer de las causas, y a quién y cómo habían de tocar las apelaciones, los derechos, pechos y tributos con que habían de contribuir los vecinos y moradores de dicha Puebla y Lugar, y exenciones que habían de gozar[50].

Por esto, el maestre D. Juan de Sotomayor, cuando hace la petición de la jurisdicción criminal al rey Juan II, da por sentado que Rollán ya tenía esa jurisdicción civil exenta del Concejo salmantino. En efecto, según cita de Torres y Tapia, el maestre:

> hizo saber (al Rey) que su Orden tenía en el Lugar de Rollán sólo la jurisdicción civil, y que no teniendo la criminal era Señorío menguado[51].

Finalmente, se terminan todas las dudas del Concejo salmantino, cuando —el año 1429— el rey concede a Rollán la jurisdicción criminal, y confirma también la jurisdicción civil.

La jurisdicción criminal

Como he dicho, Rollán, hasta el primer tercio del siglo xv, solo tiene la jurisdicción civil y eclesiástica. Torres y Tapia cuenta cómo se consiguió del rey Juan II la jurisdicción criminal:

> "El Maestre Don Juan de Sotomayor sirvió al Rey como leal vasallo con sus caballeros y vasallos en la guerra que hizo a los de Aragón y Navarra, y antes de llegar a Valladolid, donde el Rey vino, le hizo saber que su Orden tenía en el Lugar de Rollán sólo la jurisdicción civil, y que no teniendo la criminal era Señorío menguado. Suplicóle se sirviese de hacerles merced de darle ésta, para que teniéndola junto con aquella,

---

49   GARCÍA GÓMEZ, R.: *Ob. cit.,* n.º 25, pp. 24-25.
50   AMS (ARCHIVO MUNICIPAL DE SALAMANCA), *Inventario Tumbo,* ff. 516, v. 516 y 517.
51   TORRES Y TAPIA, A.: *Ob. cit.* Tomo II, p. 267.

pudiese gobernar mejor sus vecinos y vasallos. El Rey que se daba por bien servido del Maestre y sus caballeros, asintió a la súplica, y mandó dar su Real Cédula de merced[52].

De este modo, el 22 de julio de 1429, el rey le concede la jurisdicción criminal de la villa de Rollán, mediante un 'Alvalá'. Después, el maestre suplica al rey que le hiciera merced de confirmar y aprobar dicha Real Cédula y todo su contenido, y que se expidiese la Carta de Privilegio Rodado. Y el rey lo hizo, el 31 de agosto del mismo año, en Valladolid[53] Ortega y Cotes, describe, ampliamente, cómo el maestre Juan de Sotomayor consiguió del rey la concesión y confirmación de dicha jurisdicción criminal (ver Apéndice n.º 4).

El propio maestre llega a venir a Rollán para comunicarle a los alcaldes la adquisición de esta jurisdicción para la villa.

> El maestre... hizo notorio en Salamanca a su Concejo y Justicia este Privilegio, obedecieron el mandato del Rey, y pasó a Rollán, para que los Alcaldes que tenía puestos supiesen podían ejercer en lo de adelante la jurisdicción criminal, como antes la civil[54].

A propósito de que Torres y Tapia dice que el propio maestre de la Magdalena, Juan de Sotomayor, se desplazó expresamente a Rollán para comunicar a sus alcaldes los privilegios concedidos del rey, cuenta Ramón García Gómez que:

> debió ser tan grande y tan magnífica esa entrada del Maestre (en Rollán), con toda su cohorte alcantarina que solo resulta comparable con la del Maestre Martín Yáñez de la Barbuda saliendo de Alcántara en su cruzada particular contra Granada"[55].

Quizás este Privilegio fuese facilitado por las dificultades que el rey Juan II tuvo para dominar a los infantes de Aragón (Alfonso el Magnánimo, rey de Aragón, y su hermano el infante don Juanel, rey consorte de Navarra), quienes al parecer:

> tenían pueblos de Castilla y el Rey quería echarlos[56].

en contra de la privanza de don Álvaro de Luna, y con partidarios de aquellos en Salamanca. Es probable que los caballeros de Alcántara resultaran un buen apoyo para que el rey se impusiese y derrotara a los de Aragón y Navarra. Este apoyo fue tan determinante que el mismo rey decidió otorgar tal merced aún sin haber terminado la guerra, lo que resulta llamativo. Aunque, tal vez la juventud del rey (tenía entonces 25 años) pudo ser fácilmente convencible por el maestre de la Orden Militar de Alcántara, Juan de Sotomayor.

---

52   TORRES Y TAPIA, A.: *Ob. cit.* Tomo II, p. 267.

53   ORTEGA COTES, I. J. y otros.: *Bullarium Ordinis Militiae de Alcántara olim S. Juliani de Pereiro.* En *http://e-spacio.uned.es...* Documento2 , p. 198.

54   TORRES Y TAPIA, A.: *Ob. cit.* Tomo II, p. 269.

55   Este hecho ocurrió en marzo de 1394.

56   LOMAX, Derek W.: *Crónica de las Tres Órdenes de Santiago, Calatrava y Alcántara.* Con un estudio sobre *La Obra histórica de Rades y Andrada.* Ediciones 'El Albir',S.A. Barcelona, 1980, hoja 37 de la Crónica de Alcántara.

Según Ramón García:

> … las razones que justifican estas concesiones exclusivamente a Rollán se explican en el deseo de la Orden de Alcántara de reforzar jurídicamente su presencia, evitar que la villa pudiera recaer en manos señoriales o fuera objeto de usurpación, precisamente en territorios donde la nobleza salmantina empezaba a actuar con excesiva impunidad[57].

A este respecto, según José Manuel Garrido, durante el s. xv "… comienza el dominio de los Solís en Cojos, haciendo y deshaciendo a su antojo"[58].

Concedida la jurisdicción criminal para la villa, si había que ajusticiar a alguna persona condenada a muerte, el sistema elegido habría sido la horca. En efecto, aún hoy existe un lugar en el término municipal de Rollán denominado "La Horca". El sitio idóneo para los ajusticiamientos: por su ubicación, junto al camino que conducía a Salamanca, en una de las cotas más altas de su término; entonces, a unos cientos de metros del casco urbano (la zona donde hoy se encuentra el anterior depósito del agua que abastecía al pueblo). De este modo, cumplía con todas las características que, para estos desgraciados eventos, exigía la época:

–   Fuera de la población, pero cerca de ella.
–   En lugar bien visible.
–   Como severa advertencia.

Además, la costumbre era que los ajusticiados mediante este procedimiento de la horca pasasen varios días expuestos a la contemplación del público que quisiera, para que el macabro hecho resultara más ejemplarizante.

---

57   GARCÍA GÓMEZ, R.: *La Orden de Alcántara en la provincia de Salamanca. Rollán y la encomienda de la Magdalena.* Salamanca provincia universitaria. Salamanca, 2019; pp. 12-13.

58   GARRIDO GONZÁLEZ, J. M.: *Datos nuevos sobre la historia de Rollán,* escrito inédito cedido por su autor.

Rollán, núcleo de población

En la Baja Edad Media entre los núcleos de población rural se daban varias categorías y denominaciones. Había:

- *Aldea*: Núcleo de escaso vecindario, sin jurisdicción ni término propios.
- *Lugar*: Núcleo de población menor que una villa y mayor que una aldea. Su jurisdicción le correspondía a la villa cabecera.
- *Villa*: "Núcleos con jurisdicción y término municipal propios; es decir, que sus alcaldes podían distribuir justicia ordinaria"[59].

Se puede concluir que estos eran los grados, de menor a mayor, que se atribuían a los núcleos de población que surgieron en la Baja Edad Media. Pero en los escritos sobre Rollán podemos ver que se solapan, sobre todo las dos últimas acepciones.

Según Torres y Tapia, el maestre García Fernández de Barrantes, el 8 de abril de 1268 "… dio fuero a la aldea de Rollán"[60].

No parece haber duda entre los autores de que la denominación o título de aldea es el primer grado de la escala, y villa el más importante de las tres. Pero, no he podido saber el momento, la ocasión o el motivo por el que Rollán pasó de aldea a lugar o a villa. Durante un tiempo había confusión, pues ambas denominaciones (lugar y villa) se alternaban, unas veces se le denominaba lugar y otras veces villa. Por ejemplo, Torres y Tapia, dice que, en mayo de 1320, Alfonsianes, comendador de la Magdalena, había pedido al rey Alfonso XI "que pudiesen entrar vino en esta *villa*" (cita reflejada anteriormente, en Nota pie de página n.º 42). Pero, en ese tiempo, no parece posible que Rollán ya fuera villa.

Hay un momento histórico, a partir del cual pudiera haberse hecho el cambio de lugar a villa. Es en el año 1425, cuando se resuelve el pleito, sobre la jurisdicción civil, con la ciudad de Salamanca. Con la sentencia del 31 de octubre de ese año Rollán deja de pertenecer al concejo de Salamanca, tendrá ya jurisdicción civil propia y se nombrarán dos alcaldes cada año. Pero en la propia sentencia se dice: "el *Lugar* de Rollán". Podría haberse considerado como villa pocos años después, cuando, en 1429, se le concede la jurisdicción criminal y se le ratifica, también, la civil. Sin embargo, en esta concesión se le sigue denominando, aún, como *lugar*.

---

59   LÓPEZ Y LÓPEZ, T.A.: *Priorologios de las órdenes militares de Santiago y Alcántara en Extremadura*, Historia de Extremadura XXX Coloquios, año 2001. Diputración de Badajoz, p. 3.

60   TORRES Y TAPIA, A.: *Ob. cit.*, Madrid, 1763, p. 388.

En el siglo siguiente, concretamente en 1516, el Obispo de Salamanca, D. Gil Martí-nez, dice que en el Quarto de Baños está "el Beneficio Curado de la *villa* de Rollán". Podría-mos pensar que, definitivamente, a partir de entonces siempre sería villa, pero en agosto del año 1570 una Provisión de Felipe II, al concederle la colación de Rollán a D. Cristóbal de Ribera, vuelve a denominarlo: *lugar* de Rollán.

Por otra parte, tenemos otro dilema: ¿qué fue primero, villa o priorato? Porque ya a principios del siglo XVI, en 1506, se dice que frey Antonio de Burgos fue "prior de la villa de Rollán".

Lo cierto es que no sabemos, con seguridad, si fue antes villa o priorato. Por la primera opción parece decantarse Naranjo Alonso, para quien el priorato se forma años después de concedida a Rollán la jurisdicción criminal[61].

En conclusión, parece más verosímil la opinión de que fue villa antes que priorato, tan-to si el título de 'villa' arranca desde la concesión de la jurisdicción civil (año 1425), como si arranca desde la concesión de la jurisdicción criminal (año 1429), o años después. Y, por supuesto, con más motivo si arranca un siglo antes, en 1320.

---

61   En otro capítulo se investiga cuándo se crea el prioratoy se llega a la conclusión de que no antes de finales del s. XV.

Administración de la Villa de Rollán

Es una opinión bastante generalizada entre los medievalistas que hasta el siglo XI los lugares de población rural no tienen organización jurídica política. Es decir, no existe el municipio, jurídicamente hablando. Esta etapa no afecta a Rollán, pues parece que su poblamiento tiene un comienzo posterior.

Puede suponerse que, al principio, cuando intentara organizarse la población, sería el Concejo la institución que administrara y gobernara la localidad.

También podemos suponer que como se admite para las poblaciones de Castilla y León, comenzarían a gobernarse por un Concejo Abierto o Asamblea general de vecinos, que se congregaba "el domingo a son de campana tañida para tratar y resolver los asuntos de interés general"[62].

En el concejo abierto se da una participación ciudadana amplia y sin restricciones, pues todos los vecinos pueden intervenir en el gobierno local. Tiene una gran autonomía frente al poder estatal[63].

Las asambleas tenían un marcado funcionamiento democrático, porque "… los cargos municipales son de elección popular, y a ellos pueden optar todos los vecinos, exceptuando los Moros y Judíos"[64]. Al frente de la asamblea estaban: el alcalde, jurados y hombres buenos.

Este periodo de autonomía y libertad podríamos enmarcarlo desde el siglo X hasta, principios del siglo XIII. Rollán, muy probablemente, no habría llegado a vivir una etapa tan democrática. O la habría tenido durante poco tiempo, hasta que pasó a depender de la Orden de Alcántara.

Comenzaría con la segunda etapa, que se inicia a mediados del siglo XIII y en la que los municipios van perdiendo democracia, pasando a un Concejo Cerrado o Ayuntamiento, también llamado Concejo Municipal, con menos libertad de funcionamiento y con la especialización de funciones que se le quitan a la Asamblea General de Vecinos o Concejo Abierto.

---

62 DE HINOJOSA Y NAVEROS, E.: *El origen del Régimen Municipal en León y Castilla*, Madrid, 1903, p. 22.

63 GÓMEZ MARTÍNEZ, A.: *Cargos y oficios municipales en las ciudades de León, Zamora y Salamanca durante el reinado de Carlos III*, Estudios Humanísticos. Historia, n.º 5, 2006, p. 161.

64 [99] DE HINOJOSA Y NAVEROS, E.: *Ob. cit.*, p. 22.

'Posible' composición del Concejo y sus funciones

Como no se ha podido conocer el Fuero de Rollán, donde, seguramente, se encontrarían algunos de los datos de interés para este capítulo, y como, por otra parte, me parece interesante incluirlo, Feliciano Novoa Portela tiene un artículo[65] del que tomo parte de sus conclusiones. Para él la foralidad alcantarina se aplicó sobre territorios con poca población con estructuras económicas y sociales muy parecidas. Por eso, pienso, puede aplicarse también a Rollán.

Según Novoa Portela en los fueros de distintas poblaciones extremeñas solo tienen el privilegio de participar en el gobierno local el grupo de los vecinos, e incluso dentro de estos quienes se encuentran más favorecidos económica y socialmente.

Creo que para los primeros siglos de la pertenencia de Rollán a la Orden de Alcántara pueden servir lo que, a continuación (el período comprendido hasta el s. XV) me dispongo a reflejar. Para las otras tres etapas he dispuesto ya de documentación específica de Rollán.

1 Hasta el siglo XV

Desde que se establece el Concejo Municipal o Ayuntamiento, este lo componen:

El alcalde: era la máxima autoridad local y quien presidía el Concejo Municipal, interviniendo en nombre del rey en la administración local. La función principal del alcalde era actuar como juez en los pleitos y causas civiles. Después, las apelaciones, y las causas mayores iban al gobernador de la ciudad (en el s. XIII) o al alcalde mayor (en el s. XIV) o, posteriormente, al Consejo de Órdenes.

También se ocupaba de asuntos relacionados con el gobierno económico, político y administrativo del municipio[66].

La elección de los alcaldes era por un año, y por el desempeño de sus funciones eran retribuidos, bien percibiendo una cantidad, o bien teniendo exenciones fiscales durante el año de mandato[67]. Los alcaldes ordinarios "gobernaban con los regidores, y disponían de los oficiales (… alguacil, escribano, mayordomo de bienes concejiles…) y sirvientes (pregonero, guardas de campo…)"[68].

Los regidores: estaban facultados para administrar todas las rentas del Concejo, así como la recaudación de impuestos locales y deudas al Concejo. Las competencias se extendieron al nombramiento de oficiales concejiles, antes realizado por la Asamblea de Vecinos. Los regidores eran quienes controlaban la toma de decisiones, dada su presencia mayoritaria en el pleno. Eran cuatro.

El procurador síndico, que representaba los intereses del común.

Los oficios municipales o concejiles: alguacil, escribano, mayordomo de propios, andadores, montaraces…

---

65   NOVOA PORTELA, F.: *Los fueros de la Orden de Alcántara en Extremadura (s. XIII-XIV)*, en La España Medieval 2001, n.º 24, pp. 285-310.

66   NOVOA PORTELA, F.: *Ibidem*, p. 296.

67   NOVOA PORTELA, F.: *Ibidem*, p. 297.

68   GÓMEZ MARTÍNEZ, A.: *Ob. cit.*, p. 162.

El Alguacil: era el encargado de ejecutar las disposiciones de los funcionarios superiores. Se les remuneraba con una cantidad[69].

El escribano: su labor era redactar "documentos públicos, incluidos aquellos de carácter jurídico, y a registrar por escrito los acuerdos del concejo"[70]. Era nombrado por el comendador.

El mayordomo de propios o depositario: administraba las finanzas del municipio. Era el depositario de los caudales de propios, arbitrios... y quien libraba las cantidades que se requiriesen para satisfacer los distintos gastos. Pero, "un simple funcionario sin independencia, sometido en todo y por todo a los oficiales del municipio, es decir, a los dos alcaldes y a los cuatro regidores"[71].

2 En el siglo xv

En Rollán, durante este siglo, un hecho modificará la composición del Concejo. La sentencia del 31 de octubre de 1425, en el pleito contra el Concejo de Salamanca (que ya he referido sobre la Jurisdicción Civil). Desde entonces se nombrarían dos alcaldes: el alcalde mayor, que lo elegía el comendador y el alcalde ordinario, que era elegido entre los hombres buenos de Rollán. Y desde 1429, estos tenían poder para juzgar, no solo las causas civiles, sino también las causas criminales.

El rey, como administrador de la orden, le hace merced al maestre de la jurisdicción civil y criminal de Rollán, para que este la delegue en los alcaldes:

> E por este mi Alvalá mando al Concejo e homes buenos del dicho Lugar de Rollán, que non reciban ni usen... en la dicha Justicia civil ni criminal, salvo con los Alcaldes e Oficiales que vos el dicho Maestre pusiéredes. E eso mismo mando al Concejo, Alcaldes, Merino, Regidores de la dicha Ciudad de Salamanca, que non vos molesten, nin perturben la dicha Justicia civil ni criminal, nin vos quebrante la dicha gracia e merced que vos así hago de la dicha Justicia"[72].

Suponemos que el resto de los cargos y oficiales municipales y sus funciones seguirían más o menos, igual que en la etapa anterior.

3 Desde el siglo xvi hasta 1842

En un apeo general efectuado en septiembre de 1574 se citan dos alcaldes, cuatro regidores y un procurador del Concejo.

Todos los cargos se renovaban cada año. Los alcaldes, regidores, escribano de la villa y el alguacil los ponía el comendador, de entre los vecinos hombres buenos. Pero el procurador lo nombraba el Concejo. El comendador también nombraba:

69 NOVOA PORTELA, F.: *Ob. cit.*, p. 298.
70 NOVOA PORTELA, F.: *Ob. cit.*, p. 299.
71 MARTÍN MARTÍN, J. L. y GARCÍA, A.: *Cuentas municipales de Gata (1520-1524)*, p. 14.
72 TORRES Y TAPIA, A.: *Ob. cit.*, T. II, pp. 267-268.

> … dos personas para fieles de la villa, que tenían cargo de las cosas del proveimiento, de los mantenimientos y de tener y dar los pesos y medidas y conferillos y poner precio en los mantenimientos, y estos fieles tienen la tercia parte de las penas, y el concejo la otra y el Comendador la otra[73].

Cuando se efectúa esta visitación (año 1574) los oficiales del concejo se nombran de la manera siguiente:

> … el día de año nuevo se junta todo el concejo y allí nombra cuatro personas para alcaldes y una persona para procurador y cuatro personas para regidores y dos personas para alguaciles y cuatro personas para fieles; y nombrados los susodichos los escriben en un papel y llevan el dicho nombramiento al Comendador o a su mayordomo o a quien su poder tiene… y de los cuatro nombrados para alcaldes elige los dos, y éstos son alcaldes; y de los dos nombrados para alguaciles, escoge uno; y de los cuatro nombrados para regidores escoge los dos, y los que así ha escogido, con los dos alcaldes que acaban su oficio el día de año nuevo, quedan todos cuatro por regidores; y de los cuatro nombrados para fieles escoge los dos… y que visado el dicho nombramiento por el dicho Comendador, se llevan a los dichos nombrados. Juran en manos de los alcaldes pasados … Y esto dijeron que se usaba y guardaba de inmemorial tiempo a esta parte[74].

El Capítulo de hacer el juramento a la Orden celebrado el año 1652 cambió el sistema de nombramiento de los oficiales del Concejo. Torres y Tapia, en su *"Crónica de la Orden de Alcántara"*, dice:

> … hoy se proveen estos oficios por elección, según lo dispuesto en las Definiciones de la Orden y sólo pone el Comendador un Alcalde Mayor; de él y de ellos van las causas, en grado de apelación, al Real Consejo de las Órdenes[75].

Este alcalde mayor residía en Salamanca, dependiendo directamente de la encomienda. Rollán tenía ya los dos alcaldes ordinarios.

Las Definiciones de la Orden[76] surgidas del Capítulo de 1652, sobre las elecciones y provisiones, establecieron lo siguiente (ver apéndice n.º 5):

- Que el día acostumbrado a hacer las elecciones cada año se reúnan los alcaldes y regidores, y después de oír misa hagan juramento para efectuar el nombramiento de electores para los distintos oficios del año siguiente.
- Que cada uno de los alcaldes y regidores nombren a dos personas diferentes. Han de ser vecinos de la villa, personas buenas y honradas y mayores de 40 años.
- Se echen las cédulas en un cántaro. Un muchacho de 10 años sacará cuatro cédulas, y las cuatro personas escritas en ellas serán los electores. Estos, después de hacer

---

73   AHDS, APR., Visita General efectuada por D. Juan de Acuña .
74   *Ibidem.*
75   TORRES Y TAPIA, A.: *Ob. cit.,* T. II, pp. 216-217.
76   Difiniciones de la Orden y Cavallería de Alcántara con la historia y origen della, *De las elecciones y provisiones*, Madrid, 1662. Tít. 18, cap. XIII, f. 239-242.

el juramento, y de ser inscritos en un libro por el escribano del consistorio, serán quienes nombrarán a los alcaldes, regidores y resto de oficios para el año siguiente. Deberán ser "… hombres casados y mayores de veinte y cinco años, y no exemptos de nueftra jurifdición Real"[77].

- Después, cada uno de los electores escribirá los nombres de los que elija para: alcaldes, regidores, procurador general, alcaldes de hermandad y fiel de la villa. Y las dieciséis cédulas se echarán en un cántaro.

- Un muchacho menor de 10 años sacará las cédulas. Las dos primeras serán para alcaldes ordinarios, y las siguientes serán para regidores (tantas como los que deban ser), la siguiente será para procurador general, la siguiente para alcalde de hermandad y la última para fiel de la villa.

- Para el mismo año no pueden nombrarse padre e hijo, suegro y yerno, ni dos hermanos. Si ambos estuvieran en cédulas el primero en salir se quedaría con el nombramiento.

- Si durante el año muriese alguno de los nombrados el resto de los oficiales del Concejo nombrarán un sustituto, el primer día siguiente que haya consistorio.

No pueden ser reelegidos para ninguno de los oficios hasta dos años después.

En noviembre de 1752, cuando comienza la operación del Catastro, del Concejo de la Villa de Rollán participan en ella:

- Dos alcaldes ordinarios: Francisco Sánchez y Manuel Pérez.
- Dos regidores: Lorenzo Díez y Francisco Pérez.
- Un procurador: Antonio Muñoz.
- Un fiel de fechos: Manuel Rodríguez.

Puede haber otros cargos en el municipio, por ejemplo: *los guardas*. En dicha operación del Catastro se relacionan cinco guardas, con distinta función: de bueyes, de cerdos, de burras, de panes y el del monte.

4   Desde 1842 hasta fin del priorato

Según datos tomados del *Libro de Actas de Sesiones del Ayuntamiento de Rollán*, que comienza en ese año de 1842, la Corporación Municipal estaba gobernada por un solo Alcalde[78], un teniente de alcalde, un procurador síndico y seis concejales más; en total nueve personas. Todos ellos accedían a sus cargos mediante elecciones.

Dichas elecciones, en situaciones normales, se celebraban cada 4 años. Pero hay un período en la historia de España de una inestabilidad gubernamental especial: el Sexenio Democrático, que abarca desde septiembre de 1868 a finales de diciembre de 1874.

---

77   *Ibidem*, p. 240.
78   No he logrado saber cuándo se produce el paso de dos alcaldes a uno solo. Como puede verse en 1842 ya hay solo uno.

Período durante el cual, debido a los frecuentes cambios de gobierno, se celebraban elecciones cada vez que el mismo cambiaba.

Durante las últimas décadas del priorato constatamos que:

- En las elecciones de 1866 el gobernador civil de la provincia nombra: alcalde y teniente de alcalde. Además, daba su aprobación a las elecciones. También aparece la denominación 'concejales' en lugar de 'regidores'.

- Pero cuando se produjo la Revolución de La Gloriosa (septiembre de 1868) parece ser que la Junta Revolucionaria de la Cabeza de Partido nombró nuevo ayuntamiento completo[79].

- Durante los meses de julio y septiembre de 1873 (la Primera República se había proclamado el día 11 de febrero de ese año) se produce el nombramiento de varios ayuntamientos. El definitivo quedó constituido el 27 de septiembre de 1873; pero, con solo 7 miembros. La elección fue por votación nominal de todos los regidores (de nuevo, aparece esta denominación, no la de concejales).

- En abril de 1874, de nuevo el gobernador civil de la provincia, cesa al ayuntamiento anterior y nombra otro nuevo[80].

- El gobierno del municipio se ayuda de comisiones y juntas. Se trata de grupos de personas nombradas para hacerse cargo de distintos temas o servicios en los que puedan considerarse más conocedores o especialistas. De modo que puedan asesorar y proponer soluciones que ayuden a resolver problemas o situaciones que se producen en el municipio. También podían hacer propuestas nuevas que mejorasen las condiciones de vida del común.

En 1869 se consideran, también, como empleados del Ayuntamiento: el médico y el farmacéutico titulares, el maestro de instrucción primaria, el conductor de la correspondencia y el custodio del registro. Como tales empleados prestaron juramento a la Constitución española[81] el 27 de agosto de ese año. Una de las facultades que tenía la Corporación Municipal era la de nombrar, anualmente, *mayordomos*:

> (…) de la iglesia, para los Niños Expósitos, para la Casa Santa, para el rescate de cautivos y para la recepción de Bulas[82].

Las Comisiones que hay en esa época, son:

- De Hacienda: se encargaba de revisar las cuentas.
- De Hornato Público: se encargaba de analizar las peticiones de terreno público para edificar.
- De Utilidades: encargada de la Evaluación del Repartimiento General de Utilidades. De ella se nombran vocales cada año.

---

79 AMR, *Libros de Actas de Sesiones del Ayuntamiento*, sesión del 22-10-1868.
80 *Ibidem*, sesión extraordinaria del 19-4-1874.
81 Promulgada el 6 de junio, después del triunfo de la Revolución de septiembre de 1868.
82 AMR, *Libros de Actas de Sesiones del Ayuntamiento*, Leg. 3, Libro 1.º, sesión 31-12-1842.

Hay que reseñar, también, varias Juntas:

— *Junta Municipal*: se constituye cada dos años.

— *Junta Municipal de Beneficencia*: "Se reunió para ejecutar lo que se ordenaba en la Circular n.º 423. Acordaron decírselo al Cura para que la leyera en la misa, e hiciera un llamamiento a la caridad cristiana en favor de los enfermos y desvalidos. Acordaron que la Junta en cuerpo recorriese el vecindario y lo que se recolectase se depositase en el Depositario don Sebastián Campos, y provisionalmente se acordó echar mano de la posesión llamada *panera del pósito...*" (30-6-1853).

— *Junta de Sanidad*: Circular (Bol. N.º 63 de 27 mayo 1853) "… disposiciones sobre estercoleros, pequeñas lagunas o charcos cuando llueve y qué hacer con los animales muertos" (30-6-1853)

— *Junta Local de Instrucción Primaria*: la formaban 5 personas, entre ellas el farmacéutico (14-11-1868). Parece que también marcaban los días de exámenes (19-2-1842). Las sesiones se celebraban el 2.º domingo de cada mes (2-1-1843).

— *Junta Pericial*: siete personas el 26-3-1859.

— *Junta de Caminos*: "… con la misión de señalar y acotar los caminos" (9-11-1842)

— *Junta Local de Ganadería*: (17-11-1866)

El priorato de Rollán

Los prioratos eran demarcaciones territoriales religiosas donde los respectivos priores llegaron a tener casi las mismas atribuciones que los obispos y con independencia del poder de estos. Pero, en cuanto a las atribuciones, ni todos los prioratos llegaron a tener las mismas ni los distintos priores de un mismo priorato. Dependía de la categoría del priorato y de la época en la que se ejerció cada uno. Al de Rollán se le consideraba como 'nullius diócesis'; es decir, no dependiente de la diócesis de Salamanca, sino directamente de la Orden de Alcántara. Pero los obispos de Salamanca no siempre se resignaron a ello, por lo que —a veces— se llegaron a producir pleitos. Más adelante me referiré a alguno de ellos.

¿Cuándo se crea el priorato de Rollán?

No sabemos con exactitud, pero si tenemos en cuenta lo que dice Alonso Torres y Tapia en su *Chrónica de la Orden de Alcántara* parece tener mucha antigüedad.

El autor escribe en su Crónica:

> Tiene hoy (escribe esto en el año 1652) la Orden un Priorato, como ya digo, y muy de antiguo la hallo en ella, y no he alcanzado a saber con qué título (...) Cuando desapareció el Señorío temporal de la Parroquia de la Magdalena (...) Por manera que era jurisdicción por sí diferente de la de la ciudad (...) La eclesiástica quasi episcopal ha quedado; y aunque el Obispo se introdujo en ella (...) la Orden ha seguido el pleito, y tiene ejecutoria en su favor; y en virtud de ella la ejerce el prior de Rollán en la primera instancia, y en la segunda van los pleitos al Real Consejo de las Órdenes. El Obispo lleva la tercera parte de los diezmos con obligación de administrar el Sacramento de la Confirmación a los parroquianos. Es este señorío de grande estimación en ciudad tan ilustre y pública a los ojos del Obispo y su iglesia (...) En la Villa de Rollán se ha conservado también el señorío temporal, aunque hasta los tiempos del rey Don Juan el II sólo tenían el Comendador y los Alcaldes Ordinarios el conocimiento de las causas civiles, dióles el mismo Rey el de las criminales a pedimento del Maestre Don Juan de Sotomayor (...) Ponía en lo antiguo, el Comendador, los Alcaldes y regidores y un Alguacil; hoy se proveen estos oficios por elección, según lo dispuesto en las Definiciones de la Orden (elección entre los hombres buenos), y sólo pone el Comendador un

Alcalde Mayor; de él y de ellos van las causas, en grado de apelación, al Real Consejo de las Órdenes[83].

No me resisto a dejar de resaltar los datos importantes sobre Rollán que en esa larga cita se indican. Entre otros, los siguientes:

- Un priorato muy antiguo.
- Hacia el año 1500 tenía jurisdicción diferente de la de la ciudad.
- De entonces le ha quedado la jurisdicción eclesiástica quasi episcopal.
- Esa jurisdicción eclesiástica la ejerce el prior de Rollán en 1.ª instancia.
- En 2.ª instancia la ejerce el Real Consejo de las Órdenes.
- Es un señorío de gran estimación a ojos del obispo y su iglesia.
- En la villa de Rollán se ha conservado también el señorío temporal.
- Hasta tiempos del rey Juan II, el comendador y los alcaldes ordinarios solo tenían el conocimiento de las causas civiles.
- El rey Juan II, a petición del maestre D. Juan de Sotomayor, le concedió también el conocimiento de las causas criminales (el año 1429).
- Antes, el comendador ponía los alcaldes, regidores y un alguacil.
- Ahora (año 1652), se proveen estos oficios por elección entre los hombres buenos, y solo pone el comendador un alcalde mayor.
- Este y los miembros del Concejo juzgan en 1.ª instancia; y las apelaciones se remiten al Real Consejo de Órdenes.

¿Rollán fue priorato desde que empezó a pertenecer a la Orden de Alcántara? Es lo que la Orden "siempre defendió (…) conforme a la bula de Lucio III de 1183, pero el obispado, en cambio, lo negó constantemente"[84].

Sin embargo, C. Naranjo Alonso opina que es muy probable que el priorato de Rollán se formara años después de la concesión de la jurisdicción criminal (en 1429), cuando fuera villa, porque se le agregó el lugar de Garcigrande y todo ello componía la encomienda de la Magdalena, que fue la que sirvió de Congrua a este priorato.

La respuesta más correcta al origen del priorato de Rollán es que, a pesar de que Torres y Tapia en su *Crónica de la Orden de Alcántara* mantiene que existe desde muy antiguo, lo cierto es que entre los prioratos que se relacionan de esta orden, en el siglo xv, no se encuentra el de Rollán. Es iniciado ya el siglo xvi, concretamente el año 1506, cuando aparece mencionado por primera vez. Apareció, porque el Sacro Convento de Alcántara tenía la obligación de decir, cada año, un aniversario cantado con su Vigilia por "frey Antonio de Burgos, religioso que fue de esta Orden, prior de la villa de Rollán"[85]. Así pues, en ese año ya se constata un prior de Rollán fallecido; pero no sabemos desde cuándo comenzó a ser el prior de Rollán ni si sucedió a otro, o fue el primero de todos ellos en ocupar este priorato de la Orden Militar de Alcántara.

---

83   TORRES Y TAPIA, A.: *Ob. cit.* Tomo I, pp. 216-217.
84   GARCÍA GOMEZ, R.: *Ob. cit.,* p. 14. Es la Nota 70 citando a MERCHÁN FERNÁNDEZ, C. y BERNAL GARCÍA, T.
85   TORRES Y TAPIA, A.: *Ob. cit.* Tomo II, p. 648.

Hay otro hecho, si bien es algo posterior, que avala la importancia del priorato: su relación con el rector del Colegio de Alcántara de la Universidad de Salamanca. Cuando, el 9 de abril de 1652, se celebra el Capítulo General de la Orden de Alcántara en Madrid, se dice que en las vacantes del priorato de Rollán, y ausencias de dicho prior, ejerza la jurisdicción ordinaria eclesiástica el rector del Colegio de Alcántara de la Universidad de Salamanca; y en ausencia de este, el vicerrector de dicho Colegio. Sin embargo, ninguno de los dos puede dar Reverendas.

> Pues que el Priorato de Rollán en Salamanca también era así, muy reducido (igual que el de Zalamea, sólo tenía la Encomienda de la Magdalena y la aldea de Garcigómez [86]), pero en cambio estaba en territorio distante de Alcántara y podía ser como una defensa para los derechos de la Orden en el Colegio de su Universidad, por el prestigio de un prior semi Obispo[87].

Según parece, el prior de Rollán no llegó a residir en la villa, aunque en el año 1740 se suscitó polémica sobre que tuviese precisamente la obligación de tener residencia en su priorato[88]. Su residencia estaba en Salamanca y, al menos desde el advenimiento de los Borbones (principios del s. XVIII, con Felipe V), era en Salamanca donde tenía audiencia, no en Rollán.

Pero el priorato de Rollán era, según indican algunos autores, de mucha menos importancia que los de Alcántara y Magacela, y esta se medía, sobre todo, por los bienes, derechos y rentas que llevaba consigo el titular del cargo[89].

> sólo contaba, entre sus bienes, con la casa principal en Rollán, … con su corral, huerta y panera, distintas partidas de tierras y prados tanto en la villa como en Garcigrande y diversas tasas, diezmos, primicias y derechos[90].

¿Quién nombra al prior de Rollán?

Al principio, el nombramiento de este Beneficio "lo proveían los Pontífices de Roma".

En efecto, según el comendador D. Bartolomé de Villavicencio, en su visita[91] dice que ya, en visitaciones anteriores, constaba que se hacía así.

Luego, el papa Paulo IV, en bula original, que D. Juan de Acuña Vela (visitador general de la orden) presentó al Lcdo. frey Antonio de Burgos Brabo, concedió a su majestad el rey, como administrador perpetuo de la Orden de Alcántara, el patronazgo y nombramiento de dicho beneficio. Refrendado esto, con la bula que Pio V emitió el 4 de diciembre de 1566:

---

86 Sin duda que se trata de una errata, debe querer decir Garcigrande. ¿O acaso llegó a llamarse Garcigómez?
87 NARANJO ALONSO, C.: *El Priorato de Magacela. Memorias de una Dignidad de la insigne Orden de Caballería de Alcántara.* En Revista de Estudios Extremeños, t. III. Badajoz, 1947, p. 416.
88 AHN, OO. MM., Consejo de Órdenes, Priorato de Rollán, Leg. 3682.
89 Autores como: MARTIN NIETO, LOPEZ DE ZUAZO Y ALGAR Y MIRANDA DIAZ.
90 GARCÍA GÓMEZ, R.: *Ob. cit.,* p. 25.
91 No he podido saber con exactitud el año, pero debió ser entre 1580 y 1590.

Bulla ut Magister posit nominare Religiosum Presbyterum ad Beneficium de Rollán deserviendum[92].

Consecuentemente, el nombramiento lo hace el rey, pero, después de consultar con el Real Consejo de Órdenes. El nombramiento se materializa con un Real Título o Provisión[93].

Hay un informe del priorato de Rollán, hecho por frey D. Juan María de Bolaños, el 4 de septiembre de 1804, que dice:

(…) por resolución a consulta del Consejo, de 5 de noviembre de 1803, se ha servido el Rey nombrar a Frey Dn. Juan M.ª de Bolaños … para el Priorato de Rollán, vacante por promoción de Frey Dn. Francisco Valdivia Donoso…[94].

En otro, del 17 de junio de 1826, encontramos que el priorato de Rollán

lo provee el Rey Fernando VII, por promoción de D. Juan M.ª de Bolaños a la Dignidad de prior de Magacela, en Frey D. Fernando Zambrano y Zambrano, religioso de la Orden de Alcántara y Rector de su Colegio en Salamanca[95].

Este nombramiento terminaba con tres años de interinidad en el cargo de D. Andrés Castañón.

Cuando el prior iba a Rollán a tomar posesión del priorato, parece que se hacía de la siguiente manera (al menos, así fue la posesión el 29 de marzo de 1606):

Se presentó con una Real Provisión el Prior, Lcdo. Frey Dn. Diego de Bargas y Figueroa, Juez Eclesiástico y Ordinario de la Encomienda de la Magdalena (…) y requirió a los alcaldes y concejo y regidores de esta villa de Rollán, que le recibiesen y le tuviesen por tal prior y Juez. Obedecieron y pusieron sobre su cabeza la Real Provisión, y dieron posesión del Priorato y adjudicatura (…) y en señal de ella, Juan Libiano, alcalde ordinario de esta villa le entregó las llaves de esta iglesia y parroquia de San Lorenzo[96].

El nombramiento de un prior acarreaba algunas obligaciones para este, entre ellas: [97]
- Hacer descripción y reconocimiento de los reparos que necesitaban las casas y posesiones.
- Pedir y recaudar de su antecesor todos los papeles como inventario, que también se ha de insertar en la descripción.
- No cobrar ni percibir frutos y rentas del priorato sin permiso de la Contaduría.

---

92   AHN, OO. MM., Consejo de Órdenes, Leg. 5252, Libro 1.º.
Traducción: Bula para que el Maestre pueda nombrar un Religioso Presbítero para servir al Beneficio de Rollán.
ORTEGA Y COTES, I. J., et alter: *Bullarium ordinis militiae de Alcántara, olim Sancti Juliani de Pereiro.* Madrid, 1759, p. 510.
93   AHN, OO. MM., Consejo de Órdenes, Leg. 4536, ff. 5-10.
94   AHN, OO. MM., Consejo de Órdenes, Leg. 4536, *Informe* (de 4 folios).
95   AHN, OO. MM., Consejo de Órdenes, Leg. 4592, Libro n.º 6.
96   AHN, OO. MM., Consejo de Órdenes, Leg. 5252, Libro 1.º.
97   *Ibidem,* Libro 2.º, Nombramiento de D. Alonso de Valencia y Brabo, año 1752.

Bienes, derechos y rentas del priorato en Rollán

Según consta en diversas visitaciones, especialmente, la efectuada por el comendador de la Puebla D. Bartolomé de Villavicencio[98], le pertenecen:

- La tercia parte de los diezmos de pan y vino, granos de todas las semillas y menudencias que se diezman en la villa y su término, excepto las 'yerbas' que no son dezmerías: La encomienda, la iglesia parroquial y la ermita de los Mártires, porque estos no pagan diezmo.
- Por diezmos menudos (Sanjuanegos y Martiniegas), también la tercia parte.
- La primicia: de cualesquiera semillas que cogieren llegando la cosecha a seis fanegas, recibe media fanega. Si no llega a seis fanegas, nada se paga. Tampoco se paga primicia de las tierras que no son dezmerías (las referidas en el primer punto). Además, aunque la cosecha pase de seis fanegas, sigue pagando solo la media fanega.
- Del Derecho de Pie de Altar: Tres partes de cuatro, aunque esto se lo cede al vicario. En ese tiempo de la visita una parte valía quince fanegas de pan; pero, en 1617 solo seis o siete fanegas.
- La Casa del Beneficio y huerta.
- También le pertenecen diezmos y Pie de Altar de la iglesia de Garcigrande.
- Tierras y prados: en Rollán y Garcigrande. Están arrendadas a Domingo García, vecino de la villa, por 3 años, a razón de 80 fanegas de trigo y 2 gallinas, y diezmo, cada año.

El cargo de prior le concede, también, diversos poderes:

- *Regalía de ejercer la jurisdicción eclesiástica*: con derecho a visitar sus iglesias, ermitas, capellanías y fundaciones.
- *Nombramiento de vicario*: el prior tiene esta regalía y facultad de nombrarlo, por el tiempo de su voluntad. Se le exige residencia fija en la villa. Para su manutención acostumbra el prior a cederle las ¾ partes del Derecho de Pie de Altar. Además, le consigna un estipendio, que ha solido ser de 9 fanegas de trigo, 9 de centeno y 330 rs. en metálico. También la casa para vivir.
- *Nombramiento de Sacristán*: nombrando a quien quiera. Acostumbra a consignarle por estipendio: 88 rs. de vellón (8 ducados). Además, de ¼ de los Derechos de Pie de Altar.

Según las Definiciones de la Orden (año 1662), en el Título 11, Cap. 5.º, a este priorato le señalan "por razón de nómina, 50 mil maravedís", pero en el año 1753 "no percibe más que los 10 mil que le paga la encomienda de la Magdalena"[99].

El 14 de febrero de 1690 el prior de Rollán, D. Gutierre Jacinto Calderón de Robles confiesa haber recibido del administrador de la Encomienda 10.000 maravedís (294 reales y 4 maravedís) referidos al año anterior[100].

---

98   AHN, Consejo de Órdenes, *Priorato de Rollán*, Leg. 5252, Libro 1.º.

99   AHN, OO. MM., Consejo de Órdenes, Leg. 5252, Libro 2.º.

100 AHN, OO. MM., Consejo de Órdenes, Leg. 6818, Libro n.º 13.

El 4 de junio de 1740 le pertenecen al priorato de Rollán:

> … diferentes casas, prados, huertos, 208 fanegas y 120 estadales de tierra en la villa de Rollán y su jurisdicción, las 2 terceras partes de todos los diezmos de pan, vino, ganados y de todas las semillas y menudencias que se diezman en ella y su término (excepto de las tierras de la Encomienda de la Magdalena, las de la Iglesia Parroquial de Rollán y Ermita de los Mártires), la primicia de cualesquiera semillas y frutos que cogieren los vecinos de aquella villa, llegando la cosecha a 6 fanegas, por cuya razón pagan media fanega y nada más, aunque recojan mayor cantidad, cuyo derecho pertenece absolutamente al Priorato, sin que persona alguna tenga en ello parte[101].

En el año 1826 el valor anual del priorato estaba tasado en 10.600 reales. Se pagaban 1.632 rs. por cargos; de ellos, 968 rs. le correspondían al electo prior frey D. Fernando Zambrano y Zambrano[102]. En ese tiempo se encuentra ya en franca decadencia la rentabilidad del beneficio del priorato de Rollán; por eso, este mismo prior, presenta recurso, una vez elegido y nombrado, ante el Real Consejo de Órdenes y, a pesar de que le ofrecían 20.000 rs., recurría; porque le resultaba muy costoso, con arreglo a sus rentas, la obligación de hacer descripción y apeo de todos los bienes y propiedades del priorato. El nombramiento siempre llevaba aparejada esta obligación, al igual que también el privilegio de residir en Salamanca.

Como novedoso, en las rentas de este prior se dice que percibe de *Congrua*: 882 rs. y 12 mrs., de vellón. Los pagan, por partes iguales, la Mesa Maestral, la encomienda de la Magdalena y el tesoro ordinario de la Orden de Alcántara.

Priores de Rollán

Mi intención era relacionar todos los priores que llegó a tener el priorato de Rollán, con expresión de los años durante los que ejercieron como tales. Pero me ha sido imposible encontrar datos para una relación más completa de ellos.

---

101 AHN, OO. MM., Consejo de Órdenes, Leg.4542, *Prioratos de la Orden de Alcántara*, hoja n.º13.
102 AHN, Consejo de Órdenes, Leg. 4592.

Cuadro n.º 1: Priores de Rollán

Nombre del Prior	Desde	Hasta
Frey Antonio de Burgos	1506	
Frey Antonio Brabo	1569	Julio 1591?
Frey Pedro Gutiérrez Flórez	1575	
Lic. Frey Diego de Vargas y Figueroa	Marzo 1606	
Frey Alonso de Becerra	Antes de 1617	
Frey Francisco Barrantes Maldonado	1625	
Frey García de Morente	1674	
Frey Pedro Nogales Dávila	1679	
Frey Gutierre Jacinto Calderón de Robles	1690	
Frey Diego Valdivia	1703	
Frey Andrés Hidalgo	Antes de 1718	
Frey Dn. Francisco Calderón de la Barca y Ceballos	Julio 1718	Junio 1726
Frey Pedro Zambrana Villalobos	Julio 1726	1739
Frey Dn. Pablo Mayoralgo Henríquez y Pereyro	1740	Febrero 1774
Frey Antonio Calderón y Robles	1741	Agosto 1784
Frey Dn. Sancho Calderón de Guevara	Enero 1748	Octubre 1801
Frey Dn. Cayetano Berdeja y Riva	Septiembre 1750	Enero 1823
Frey Dn. Antonio de Valencia y Brabo	1752	Diciembre 1825
Dn. Francisco Jorge Gallego Calderón	1759	1852?
Frey Dn. Francisco Campos y Orellana	Mayo 1774	
Frey Dn. Domingo Granda Rivero	Noviembre 1784	
Frey Dn. Francisco Valdivia y Donoso	Noviembre 1803	
Frey Dn. Juan María de Bolaños y Guzmán	Enero 1823	
Dn. Andrés Castañón (interino)	Diciembre 1825	
Frey Dn. Fernando Zambrano y Zambrano	1848	
Frey Dn. Vicente Balmaseda	Abril 1857	
Frey Pedro de Linares		

FUENTE: Documentación tomada de diversas fuentes. Elaboración propia.

El beneficio curado

Torres y Tapia, se refiere a este beneficio diciendo: "... está anexo a este priorato el Beneficio Curado de aquella villa y es la mayor renta o casi toda la que tiene"[103].

A principios del s. xvi el derecho de presentación de los curatos correspondía a la Orden. Así, en 1516 D. Gil Martínez[104], obispo de Salamanca, es el que primero se refiere al beneficio curado de Rollán, cuando el año 1516 al informar de "las dignidades, prebendas, beneficios e yglesias que ay en el obispado de Salamanca", en el QUARTO DE VAÑOS[105], dice que en "este quarto tiene el beneficio curado de la villa de Rollán que es de la enco-

---

103 TORRES Y TAPIA, A.: *Ob. cit.* Tomo I, págs. 62-63.
104 GARCÍA GÓMEZ, R.: *Ob. cit.*, p. 16, dice que es el Obispo Francisco de Bobadilla.
105 En el antiguo régimen el partido de Salamanca tenía cuatro quartos: Peña del Rey, De Baños, Val de Villoria y Armuña. Rollán pertenecía al de Baños.

mienda de la Madalena de la orden de Alcántara, que es de presentación de su magestad como administrador de la Orden"[106].

El *beneficio curado* de la iglesia de Rollán lo proveían los pontífices de Roma hasta que, según don Juan de Acuña Vela, visitador general de la Orden de Alcántara, el papa Pablo IV le concedió a su Majestad el rey, como administrador perpetuo de dicha orden, el patronazgo y nombramiento de dicho beneficio. Sin embargo, años después, una Bula de Pío V, datada en Roma, el 2 de diciembre de 1566[107] le concede a la Orden "la potestad de nombrar religiosos idóneos para servir al Beneficio (Curado) de Rollán (…) frente a los eventuales derechos diocesanos"[108].

Por eso, en una provisión de su majestad, Felipe II, del 19 de agosto de 1570, consta la colación del "Reverendo D. Cristóbal de Ribera como rector de la Parroquia de San Lorenzo del lugar de Rollán de la Diócesis de Salamanca". Después, el día 26 de ese mismo mes y año frey Francisco de Ribera, rector del Colegio de Alcántara de Salamanca, en nombre de Cristóbal de Ribera, presentó un poder "para que le haga colación del dicho beneficio curado de Rollán a frey Antonio de Burgos Brabo (*sic*), freile del convento de San Benito de la dicha Orden de Alcántara"[109].

Posteriormente, el beneficio curado lo desempeñaba un vicario, que era nombrado por el prior de Rollán, y por servir este beneficio:

> … para su manutención y decencia le está cedido por los priores el citado Pie de Altar, la casa principal del priorato para su habitación y 30 ducados por vía de Ayuda de Costa[110].

En la visita efectuada por don Francisco de Córdoba y Mendoza el 28 de junio de 1617 nos constan los bienes (diezmos, primicias y Derecho de Pie de Altar) que perciben el beneficio curado y el préstamo de la iglesia; cada uno de éstos 1/3 de los diezmos.

De Derecho de Pie de Altar, tres partes percibe el cura o vicario, y la cuarta parte el sacristán.

Por otra parte, también pertenecen al beneficio curado de Rollán los diezmos y pie de altar de la iglesia de Ntra. Sra. de la Concepción, del lugar de Garcigrande.

En 1742 el vicario, Lcdo. D. Francisco González Montesinos, dice que el prior le paga, cada año, por costa y asistencia: 330 rs., en dinero, más 9 fanegas de trigo y 9 de centeno.[111]

Otros bienes que ya entonces posee el beneficio curado de Rollán lo constituyen bastantes trozos de tierra y algunos prados, repartidos por todo el término de la villa, y de Garcigrande, donde tiene obligación de administrar los sacramentos.

---

106 AGS, Legajo 163 de Patronato Eclesiástico. Salamanca, 24.XI.1519. Así es la cita de José Antonio Benito en *Rollán Cristiano*, 2005, p. 7.

107 AHN, Leg. N.º 5252.

108 ORTEGA Y COTES ET ALTER, I. J.: *Bullarium Ordinis Militiae de Alcántara*, Loc. Cit., pp. 510-511. Cita tomada de Ramón García, en p. 19.

109 Archivo Histórico Diocesano de Salamanca (AHDS), 1570, doc. n.º 1111.

110 AHN, OO. MM., Consejo de Órdenes, Leg. 4542, *Prioratos de la Orden de Alcántara*, hoja n.º 13.

111 AHN, OO. MM., *Iglesias de los Partidos de Alcántara, La Serena, Zalamea y Rollán*, Sign. 457 C.

En el año 1826 el vicario de Rollán percibe 330 reales anuales. Probablemente, ese mismo sueldo reflejado fuese el asignado los años siguientes; pues, ese mismo importe se indica en una sesión del Ayuntamiento celebrada en mayo de 1842: Se procede a la

> … lectura de la Circular de la Intendencia n.º 328, en la que se previene a los Ayuntamientos no paguen, por ahora, a los señores Párrocos, más cantidad de 330 reales anuales, y que se les tome juramento de las cantidades que percibían anteriormente por Diezmos y demás[112].

Sacristanía de Rollán

Además del beneficio curado (desempeñado por un vicario), la iglesia de Rollán tenía una sacristanía importante, por la que el sacristán percibía la cuarta parte del *Derecho de Pie de Altar* de la iglesia. Las otras tres partes eran del vicario.

Esta cuarta parte, en la visita del comendador de la puebla al priorato, don Bartolomé de Villavicencio, valía 15 fanegas de pan. Pero en la visita de 1617, hecha por don Francisco de Córdoba y Mendoza, comendador de las Casas y juro de Coria y visitador general de la Orden de Alcántara, solo valdría 6 o 7 fanegas. Era el sueldo del sacristán, más 6 ducados.

También tenía derecho a percibir parte de la *primicia* que se pagaba de cualquier semilla que cogieran. Ya he dicho que era media fanega, si llegaba la cosecha a 6 fanegas; pero si no llegaba, no se paga primicia alguna. Pues bien, de esta primicia se hacían 3 partes, de las que dos le correspondían al sacristán de la iglesia y la tercera el préstamo de la iglesia.

En 1740, de los derechos de Pie de Altar de la parroquia se le "da la cuarta parte del pan que se pone en ofrendas"[113].

En 1863 el sacristán cobraba, anualmente, 240 reales. No tengo datos sobre cuándo y cómo cobraba ese importe. En el año 1872 seguía cobrando lo mismo; ahora sí se indica cómo: 120 reales al semestre.

Parece ser que los sacristanes tenían derechos por tañer a los difuntos: entierros, novenarios, cabos de año (aniversarios) y otros oficios. También, que se daban excesos y desórdenes por este motivo[114].

Pero, ¿quién nombraba al sacristán? Según se desprende de las visitas anteriores a esta de don Bartolomé de Villavicencio, como son las de Don Juan de Acuña Vela, frey Diego López de Toledo y F. Sánchez de Sotomayor, todos ellos visitadores generales de la Orden de Alcántara, el nombramiento de sacristán pertenecía al Concejo, justicia y regidores de la villa de Rollán. Después, el Concejo pasó el tema al Consejo de Órdenes y este al prior frey Antonio de Burgos Brabo. Desde entonces, principios del s. XVI, al Sacristán lo nombra

---

112 AMR, *Libro de Actas de Sesiones del Ayuntamiento,* Leg. N.º 3, libro 1.º, día 7-5-1842.

113 AHN, OO. MM., Consejo de Órdenes, Leg.4542, *Prioratos de la Orden de Alcántara, hoja n.º13.*

114 AHDS, Archivo Parroquial de Rollán (APR), *Libro de Fábrica de la Iglesia Parroquial de San Lorenzo de Rollán,* Sign. 322-18.

el prior "sin que persona alguna tenga acción ni voto en él"[115]. Sin embargo, también el obispo de Salamanca pretendió hacer colativo dicho nombramiento. Llegó a tener título, dicha sacristanía, "despachado por el Consejo de las Ordenes al prior frey Alonso de Becerra, religioso de la Orden de Alcántara, que la tuvo algunos años y después hizo dejación de la sacristanía al Real Consejo de las Ordenes, quien por el año 1617 dio al prior y sus sucesores"[116].

En noviembre de 1752, cuando se hace la operación del Catastro de Ensenada, se dice que 'por tocar a nublado' le da el Concejo 3 fanegas de trigo, al año. Más, un sueldo de 175 rs. Lo que totalizan, a esa fecha, 217 reales, anuales.

Parece que su retribución fue disminuyendo (no sé si también su trabajo), porque en el año 1826 el sacristán percibe solo 88 reales anuales.

La sacristanía de Rollán llegó a estar retribuida hasta principios del s. xx; pero, en los años finales, la retribución era muy escasa, por lo que se podía considerar como simbólica.

---

115 AHN, OO. MM., Consejo de Órdenes, Leg. *4542, Prioratos de la Orden de Alcántara, hoja n.º 13.*
116 AHN, OO. MM., Leg. 5252, Libro 1.º.

Renovación de la iglesia parroquial

En el capítulo de la repoblación de Rollán, dejé constancia de que existía una iglesia desde finales del s. XII. Entre otros datos, la cita de Julio González de la *Regesta de Alfonso IX*, además del sillar invertido con la inscripción latina, avalaban la existencia en Rollán de la iglesia de San Juan.

Pero, a principios del siglo XVI se produce la gran renovación de la iglesia de Rollán[117]. Es probable que el aumento de población, junto con el prestigio adquirido por la villa fueran algunos de los motivos por los que la pequeña iglesia románica se transformó en una iglesia más grande, en este caso, de estilo gótico tardío.

Iglesia de Rollán en la actualidad (Foto: Roberto Martín)

---

117 Es el edificio más emblemático de Rollán; por eso este tema intentaré desarrollarlo de manera más exhaustiva, con datos que resultarán interesantes para un mayor conocimiento de su historia.

Se trata de la iglesia actual que aún conserva la denominación de San Lorenzo Mártir, y se construyó, según A. Torres y Tapia[118], siendo comendador de la Magdalena, frey Alonso de Monroy, y prior de Rollán, frey Antonio de Burgos (ver Apéndice n.º 6).

En lo que se refiere al comendador podemos estar de acuerdo para datar durante su mandato la construcción de la iglesia. Probablemente, por eso, en la parte alta, y sobresaliendo por encima del actual retablo, aparecen dos armas/escudos: el de los Monroy y el de los Rodríguez de las Varillas[119]. Dos familias estrechamente ligadas por vínculos matrimoniales desde principios del s. xiv. Pero el que aparezca también el de Rodríguez de las Varillas puede ser más bien, porque —según Rades y Andrada— el primer comendador de la Magdalena fue Ramón Rodríguez de las Varillas. Bernardo Dorado añade, incluso, que es un descendiente del conde don Ramón[120].

Escudo Rodríguez de las Varillas (izquierda) y Monroy (derecha) (Foto: Roberto Martín)

1 Descripción de la iglesia

De estilo gótico tardío, como ya he dicho, lo atestigua el ábside que actualmente se conserva íntegro. Como características de la iglesia destacamos los siguientes datos:

---

118 TORRES Y TAPIA, A.: *Crónica de la Orden de Alcántara*; t. II. Madrid, 1763, pp. 574 y 648, respectivamente.

119 Ambos escudos también se encuentran sobre las semicolumnas adosadas que forman el gran arco ojival que separa la capilla mayor de la nave de la iglesia.

120 DORADO, B.: *Compendio Histórico de la ciudad de Salamanca…* Salamanca, 1776, p. 173.

1.1 En el interior:

- Tenía un retablo principal y dos colaterales de madera, que actualmente no se conservan. El mayor era de talla antigua, dorado y pintado con diversos colores, dedicado a San Lorenzo Mártir; y los otros: el del lado derecho (epístola) dedicado a Nuestra Señora de la Concepción y el del lado izquierdo (evangelio), al Cristo Crucificado.
- Con un altar principal, de piedra, con un gran escudo de la Orden de Alcántara en su parte central. Los dos altares colaterales se unían al mayor y principal de S. Lorenzo.
- Dos bóvedas de terceletes que salen de nueve semicolumnas adosadas que arrancan a la mitad de altura de los muros laterales y del frontal.

Bóvedas de terceletes (Foto: Roberto Martín)

- La primera bóveda abarca solo la zona del presbiterio. Es más pequeña, y en ella confluyen las nervaduras de dos semicolumnas laterales y las tres centrales, actualmente ocultas por el retablo.
- La sacristía estaba situada antes del presbiterio, al lado derecho y con una pequeña ventana orientada al este, abocinada con derrame interior.
- Cinco ventanas (en un principio, seguramente, vidrieras), que aún subsisten, tres ubicadas en el lado sur y dos en el norte, proporcionaban la iluminación del ábside.

– El ábside termina con un gran arco ojival, formado por tres semicolumnas adosadas, la central superpuesta sobre las otras dos. A mitad de su altura un capitel con las armas de los Monroy a la derecha, y de los Rodríguez de las Varillas a la izquierda.

Arco ojival (Foto: Roberto Martín)

A partir del gran arco ojival arranca la nave, de la que solo quedan parte de los muros laterales. No tenemos referencias de los elementos y características de dicha nave. Pero se puede afirmar, con bastante seguridad, por las obras y reparos posteriores efectuados, lo siguiente:

– Tenía dos puertas: la principal, abierta en el muro sur, y precedida de un atrio[121] con tres grandes columnas y una bancada corrida a ambos lados. La otra puerta estaba en el muro oeste; es decir, en el mismo del campanario, debajo de este.
– En la parte central del muro norte de la nave un arco de medio punto daba acceso al baptisterio y cuarto trastero.
– El baptisterio, con una pila bautismal labrada en piedra, y con una ventana abierta al este.

---

121 El atrio desapareció en 1951. En su lugar se construyó un centro parroquial, aprovechando sus columnas.

Pila bautismal de la iglesia de Rollán

— El cuarto trastero estaba alineado con el final de la nave y, desde él, mediante escalera, se accedía al coro alto o tribuna. Tenía una ventana abierta al norte.

— El coro alto, en la parte trasera de la iglesia, era de madera, lo mismo que su balconada. En él había una ventana, situada por encima de la puerta oeste, con vidriera y rejilla de alambre.

— El piso de toda la iglesia, incluidas las capillas, estaba enlosado con losas de pizarra y cintas de piedra franca.

1.2 En el exterior:

— Correspondiendo con las semicolumnas, en el exterior hay nueve contrafuertes de distinto grosor, más otros dos construidos en el mismo sentido de la nave y de mayores proporciones.

— En los dos paños laterales contiguos al contrafuerte central hay dos escudos con águila rampante. (¿Pueden recordar a San Juan Evangelista, a quien estaba dedicada la anterior iglesia?).

Detalle de la fachada este del ábside (Foto: Roberto Martín)

Escudo de San Juan Evangelista (Foto: Roberto Martín)

- La espadaña con campanario y en este tres huecos para sendas campanas, con diverso tamaño. Dos de ellos son iguales y ubicados sobre la misma línea horizontal, y el otro, más inferior y centrado en una línea superior[122].
- El cementerio estaba junto a la iglesia, ocupando parte de la zona sur y oeste.

2 Otras descripciones y reparos posteriores de la iglesia

El 21 de diciembre de 1625 hay un convenio entre el prior don frey Francisco Barrantes Maldonado, del hábito de Alcántara, clérigo presbítero, prior de la villa de Rollán y el ensamblador Andrés Rodríguez, por el que se encarga a este un retablo para el altar de la iglesia de Rollán, según el de Nuestra Señora de la Asunción[123]. Probablemente para sustituir el del lado de la epístola; dato que puede deducirse de la descripción posterior del apeo del año 1742, donde se dice que es *de talla moderna y en él una imagen de Nuestra Señora de la Concepción.*

También debió de haber algún tipo de reforma en la sacristía, puesto que en la parte interior del dintel de su puerta está grabada una fecha: 1675. Pero no he podido saber en qué consistió.

La noche del día 11 de septiembre del año 1703, se produce un incendio en la sacristía y desaparece gran parte del archivo parroquial que se ubicaba en ella. Se perdieron la mayoría de los libros de bautismos, matrimonios y defunciones, junto con papeles de la judicatura.

En enero del año 1726 hallándose frey D. Andrés de Tejada ejerciendo el oficio de prior de Rollán, por sustitución de frey D. Francisco Calderón, pasó a registrar la pared y campanario de la iglesia de Rollán con José Gallego, maestro de obras y vecino de Salamanca, quien declaró estar desplomada dicha pared y ser preciso demolerla, como consta en autos, y se avisó a dicho D. Francisco para que aplicase el remedio.

En mayo de dicho año se saca a concurso la obra. El remate, efectuado el 26 de septiembre, se adjudicó a Manuel Pérez, vecino de Salamanca, en 8.180 reales:

> … y por haberse negado frey D. Francisco Calderón a pagar lo que le toca (5.255 rs. Y 2 mrs.) se ha suspendido dicha obra, con grave pérdida de los materiales prevenidos, y detrimento de las demás paredes y maderas interiores de la iglesia y sumo peligro de las campanas"[124].

Este es el motivo por el que el prior, frey don Pedro Zambrana, cuando toma posesión (en 1729) del priorato de Rollán culpa al anterior prior, frey don Francisco Calderón de la Barca y Ceballos (por entonces, ascendido a prior de Magacela), de no haber hecho antes la reparación de iglesia y casas del priorato, "…por razón de las rentas y diezmos que percibió en 8 años". E inicia un pleito llevando la causa ante el Real Consejo de Órdenes, que le sanciona a contribuir a los gastos que por derecho le correspondían (ver copia de carátula del pleito en página siguiente).

---

122 Detalle del diseño efectuado por el arquitecto Pedro Vidal, en marzo de 1898.

123 Archivo Provincial de Salamanca (APS). Protocolo 5482, folio 610, notaría de Francisco Hernández. Cita tomada de BENITO RODRÍGUEZ, J. A.: *Rollán cristiano*, 2005, p. 7 y nota 11.

124 Biblioteca Nacional (BN). Manusc. 1770, *Causa judicial del prior de Rollán…* ff. 233-234.

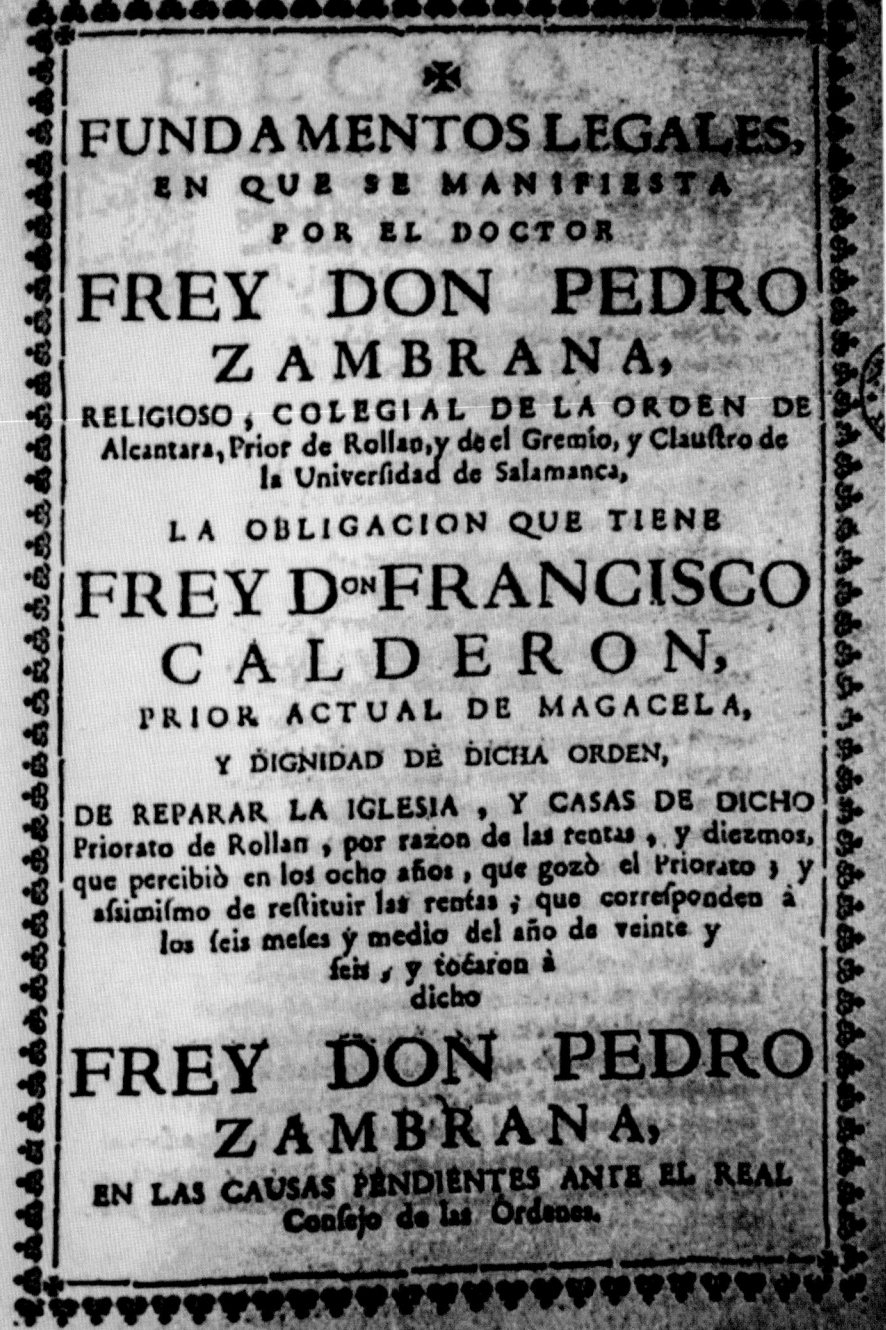

Portada del Pleito de Don Pedro Zambrana contra Don Francisco Calderón

Copia de la carátula del pleito

Muy probablemente, la reparación, aunque parecía urgente, no se efectuó antes del año 1735. Se trató de una importante reforma en la que se cambió la cubierta de la nave poniendo un artesonado y se recompuso la pared de espadaña y campanario, culminando con una campana pequeña en la que aparece grabado el año 1735[125].

La descripción física de la iglesia parroquial de San Lorenzo se apunta en alguna de las visitas que efectuaron los visitadores generales de la orden; pero la más antigua que, de momento, nos consta, se inicia el 17 de febrero de 1739. Sin embargo, es el 13 de junio de 1742, siendo vicario el licenciado don Francisco González Montesinos, y prior don Pablo Mayoralgo Henríquez, cuando se realiza una descripción más completa y exhaustiva de la iglesia[126] (alguno de los datos ya los he reflejado en la primera descripción):

— José Martín Montes, mayordomo de la iglesia, aporta unas medidas muy concretas, tanto de la capilla mayor (actual ábside) de la que se dice que tiene 7,5 varas de ancho y 15 de largo, como del cuerpo de la iglesia (17,5 varas de largo y 9 de ancho)[127] y de la sacristía (5,5 varas de largo y 4,5 de ancho).

— Otros datos que también se describen, son:
  • Un retablo mayor de talla antigua, dorado y pintado de diversos colores.
  • Otros dos retablos colaterales: el de la epístola, de talla moderna y en él una imagen de Nuestra Señora de la Concepción; y en el lado del evangelio, otro retablo con columnas salomónicas, y en él un Señor Crucificado. Los dos altares están unidos al mayor.
  • En la bóveda, dos medias naranjas con sus 'óbalos' redondos y pintados de azul y encarnado.
  • El techo de la iglesia era nuevo, e igualmente nueva es la pared del campanario de cantería. Seguramente nuevos por la reforma de 1735.
  • Púlpito de piedra, con pié.
  • La pila bautismal, también de piedra, estaba en un cuarto al subir de la tribuna o coro; y este era de madera, con su balcón también de madera.
  • Hay, también, una torre con tres campanas: una pequeña y dos medianas, y a cuyo pie se encuentra una puerta (es decir, tenía una puerta al oeste).
  • La puerta principal estaba al sur, precedida de un atrio.
  • La sacristía tiene la bóveda de ladrillo, con una claraboya pequeña donde le entra alguna luz, y necesita bastante reparo. En ella están los cajones que constan en el inventario y una alacena en la misma pared con su puerta de cerradura, donde se meten imágenes y otras cosas menudas.

— La anterior descripción se completa con el inventario de ornamentos y objetos, entre los que destacamos:
  • Un archivo[128] de madera de pino, puesto en la pared de la sacristía, con tres cerraduras y llaves distintas.

---

125 Personalmente constaté esta datación con motivo del apeo de toda la espadaña en el año 1990. La mediana tiene grabado 1890 y la grande "se hizo siendo prior D. Juan María de Bolaños Guzmán".

126 AHN, OO. MM., *Estado de las iglesias de la Orden*, Sign. 457 C.

127 Llegaba hasta donde termina el actual centro parroquial, construido a mediados del siglo xx.

128 En las *Definiciones* del Capítulo de la Orden celebrado en 1652 se mandó hacer en todas las iglesias.

- Una cruz grande de plata procesional[129], que pesa 158 onzas.
- Nueve bancos con respaldo.
– También aparecen las cuentas de la fábrica de la iglesia, que presentó el sacristán Andrés Garrido:
  - *Ingresos*: 21 fanegas y 4 celemines de trigo que se cobran anualmente a Sebastiana Hernández, como arrendataria de las tierras. Más 78 reales anuales por rompimiento de sepulturas y 8 reales más de un censo que tiene a su favor.
  - *Gastos*: 5 cántaros de aceite para las lámparas = unos 200 rs. Más otros 250 rs., al año, por consumo de cera. Más 16 rs. de ramos (del Domingo de Ramos). Más 5 rs. por dos misas al año. Más 42 rs. de lavar la ropa.

Por otra parte, el vicario dijo que la iglesia "tiene un anejo, Garcigrande, donde no tiene renta ni emolumento alguno; pero sí iglesia, aunque sin ornamentos, que los transporta desde Rollán, también los vasos sagrados".

El 6 de agosto de 1748 encontramos otro auto en el que, para tasar los reparos de la iglesia, se realiza otra breve descripción de esta, de la que destacamos el siguiente párrafo:

"La otra es una capilla nueva intitulada de San Antonio, en la que está el altar de San Antonio, el de Ntra. Señora del Rosario y Ntra. Señora de la Paz"[130]. Es la primera vez que se habla de la capilla de San Antonio, que trataré más ampliamente en el apartado 3 de este capítulo.

La siguiente descripción, en orden cronológico, aparece fechada el 3 de mayo de 1753, con motivo de otro reconocimiento y tasa de reparo. En esta ocasión se aporta, como novedad de la iglesia, que "toda ella, incluidas las capillas, están enlosadas con losas de pizarra y cintas de piedra franca"[131].

También se dice que el cuerpo de la iglesia tiene el techo de figura artesonada, y es de madera. Además, tiene espadaña con tres campanas y, de nuevo, aporta algunos datos sobre la capilla de San Antonio.

En cuanto a las reparaciones que necesita, se describen algunas como:
– Poner algunos vidrios y plomos que faltan a las vidrieras. (Se presupuesta en 30 reales).
– Blanquear toda la iglesia, sacristía y pila bautismal, por estar muy denegridas las paredes, darle por bajo sus colores y cintas, y encalar algunas vendas y pedazos desconchados. (Se presupuesta en 400 reales).
– La tribuna necesita entablonarse.

El importe total de estas reparaciones descritas ascendían a 1160 reales.

Resulta interesante constatar que el 1 de julio de 1753 existe, en el archivo de la iglesia, abundante bibliografía constituida por papeles y documentos, incluidas bulas. Se relacionan papeles y legajos pertenecientes a la judicatura que comienzan con el año 1700; y los libros de bautismos, matrimonios y defunciones a partir de 1703 (año en que se produjo el incendio en la sacristía).

---

129 Una cruz que aún desfila en primer lugar de las procesiones más importantes.
130 AHN, OO. MM., *Legajo 5252*, libro 1.º.
131 AHN, OO. MM., *Legajo 5252*, libro 2.º.

En 1759, siendo prior don Francisco Jorge Gallego Calderón, rector del Imperial Colegio de la Orden Militar de Alcántara, una nueva descripción matiza que "el techo de la iglesia es de figura artesonada de madera de pino"[132].

De este mismo año 1759 hay otra cita: "La espadaña tiene algunas piedras desunidas por lo que necesita calafatearse, cuyo coste y el de poner canteras nuevas a las campanas mayores... todo son 1362 reales"[133]. Es muy probable que este desperfecto se hubiera producido como consecuencia del extraordinario terremoto de Lisboa (año 1755).

Da la impresión de que las reparaciones no se efectuaban con la celeridad deseada o se realizaban poco concienzudamente, porque también en este año se describen las mismas reparaciones que antes hemos relacionado en el año 1753.

Quince años más tarde, en 1774, siendo prior don Domingo Granda Rivero, también rector del Colegio Imperial de la Orden de Alcántara, hay una descripción y reconocimiento de las casas y posesiones del priorato. Además se aportan nuevos datos de la iglesia no descritos anteriormente:

– La sacristía tiene bóveda de yeso.
– Al lado del mediodía y poniente tiene atrio y cementerio cercado, al que se sube con algunos pasos de escalera de piedra[134].
– Estos pasos han perdurado hasta mediados del siglo XX (cuando se construyó el actual Centro Parroquial), por lo que muchos de los habitantes actuales de Rollán o naturales de él pueden corroborar esta afirmación. Y del atrio, aún quedan las tres columnas que lo enmarcaban, encontrándose formando parte del muro sur del centro parroquial.

También en esta descripción aparece, nuevamente, la preocupación por el estado del altar mayor y su retablo "... con las imágenes de San Lorenzo y otras, que son sumamente antiguas, de suerte que ni el retablo adorna ni las imágenes llaman la devoción"[135].

Se propone, incluso, hacer un nuevo altar mayor y "... para él un retablo pequeño, aseado y de buen gusto, con las estatuas precisas de San Lorenzo y demás que se veneraban en dicho altar". Todo ello se presupuesta en 6000 reales.

Igualmente, se indican otros reparos que deben hacerse:

– Enladrillar la sacristía y parte de la sala de la pila bautismal.
– Las paredes que hacen atrio o cementerio necesitan rajarse con cal, porque están descarnadas.
– Componer el empedrado de dicho cementerio.

Además, de nuevo vuelve a hacerse una relación prolija de los papeles del archivo, que ocupa ocho folios.

Entre los años 1774 y 1784, durante el tiempo que fue prior frey Domingo de Granda Rivero, se sustituyó el retablo de la iglesia, por el actual (más adelante se hace descripción

132 AHN, OO. MM, Consejo de Órdenes, Doc. 4530.
133 AHN, OO. MM, Consejo de Órdenes, Doc. 4530.
134 AHN, OO. MM., Consejo de Órdenes 1784.
135 AHN, OO. MM., Consejo de Órdenes, Doc. 4530.

del nuevo retablo). La obra corrió a cargo del arquitecto de la Orden, D. Jerónimo García Quiñones y Gavilán.

En diciembre de 1784, poco después de tomar posesión el prior D. Francisco Valdivia y Donoso, cuyo *"priorazgo es el más señero que ha tenido Rollán a lo largo de su historia"*[136], realiza un informe sobre las iglesias y edificios del priorato en el que consta que *"la Prioral estaba completamente exenta y disponía de un atrio y cementerio cercado en su sector meridional"*[137] (ver diseño del atrio que tenía la iglesia en página siguiente).

En la siguiente visita, girada el 17 de junio de 1785, por ese mismo prior, se dice de la iglesia que:

> … tiene dos puertas, una al mediodía, con un portal con columnas grandes de piedra (el Atrio), y la otra en la fachada principal que es el pie de la iglesia. Esta fachada es de sillería y remata en una espadaña que tiene tres campanas[138].

El 3 de abril de 1796, con motivo de una nueva visita del prior frey Francisco Valdivia y Donoso, "… fue recibido por el Rvdo. padre fray Juan Estévez Guerra, de la Orden de San Francisco, vicario de esta villa"[139] y se efectúa otra descripción e inventario de la iglesia y fábrica de Rollán, del que destacamos los siguientes datos:

- El altar mayor con retablo de piedra (es la primera alusión al cambio del retablo de madera viejo por uno nuevo de piedra, que es el actual).
- En la capilla mayor cinco ventanas con sus vidrieras y rejillas de alambre, cortinas de lona y sus varillas de hierro.
- Nueve bancos de respaldo.
- Un tenebrario.
- Un archivo fuerte de madera, con barrotes de hierro y tres llaves para la custodia de caudales.
- Tiene, además, otras tres ventanas: una en el coro y dos en la capilla de San Antonio, todas con vidrieras y rejillas de alambre.
- Una tabla de fundaciones: "… visitó la tabla de fundaciones, aniversarios y capellanías de esta iglesia".

En esta visita al prior le acompaña el maestro arquitecto Miguel de la Piedra, o se hallaba entonces en Rollán, pues sabemos que ese mismo día 3 de abril este arquitecto reconoció el estado de la iglesia, certificando los reparos y costes siguientes:

- En la capilla mayor se necesitan tres baldosas o nuevas sepulturas.
- En el cuerpo de la iglesia 30 medias, que hacen 15 enteras. Por todas, 18; y reguladas, cada una de ellas, con saca, porte, labra y asiento a 60 reales, importan 1.080 reales.

136 GARCÍA GÓMEZ, R.: *Ob. cit.*, p. 28.

137 Es una cita que Ramón García toma (en su obra citada, p. 28) del AHN, OO. MM, Consejo 1784. José Antonio Benito añade que *"se sube a él por gradas de piedra"*

138 AHN, OO. MM, *Leg. 5252.*

139 AHDS, APR, *Libro de cuentas de la iglesia y fábrica de la villa de Rollán*, Sign. 322/20, p. 16. Describe, también, objetos y ropas para el culto.

Salamanca 3 de Marzo de 1898.
El arquitecto diocesano.

En la parte derecha, diseño del atrio original de la iglesia

– En los tejados, poner alguna teja que falta, cuyo coste de cal, teja y manos ascenderá a 300 reales.

Además, este arquitecto presentó Memorial en el que se decía cuándo fue construido el nuevo retablo "… siendo prior de esta villa el Dr. frey Dn. Domingo Granda Rivero se hizo en la iglesia de ella el retablo de piedra del altar mayor y otras varias obras"[140].

En otra visita del prior frey Francisco de Valdivia, realizada el 25 de septiembre de 1799, "… reconoció el Archivo de Caudales donde quedaban 2.602 rs, y 14 maravedís"[141]. Pero, parece que se hallaban mezcladas las cuentas de las iglesias, de la ermita y cofradías, por lo que mandó se formasen libros con la debida separación. Además, reconoció los Libros de Cuentas de todas las cofradías: del Santísimo, Vera Cruz, Ntra. Señora de la Paz y de las Ánimas, y los libros de cuentas del Colector y entradas y salidas de caudales en el archivo.

El prior también visitó las "Ermitas de los Santos Mártires San Fabián y San Sebastián y del Humilladero[142], las que halló con el aseo y decencia que corresponde"[143].

En otra visita efectuada, también en 1799, aparece, nuevamente, la preocupación por el estado del altar mayor y su retablo "… con las imágenes de San Lorenzo y otras, que son sumamente antiguas, de suerte que ni el retablo adorna ni las imágenes llaman la devoción". Se propone, incluso, hacer un nuevo altar mayor y "… para él un retablo pequeño, aseado y de buen gusto, con las estatuas precisas de San Lorenzo y demás que se veneraban en dicho altar"[144]. Todo ello se presupuestó en 6 000 reales. También, se dice que "… habían aparecido algunos huesos de cadáveres bajo la tarima del altar de Ntra. Sra. De la Paz, y en el enguijarrado de la puerta de la iglesia"[145]. Sin duda se trata de la puerta sur, zona contigua a la capilla donde estaba situado el altar de Ntra. Sra. de la Paz. No es extraño que aparezcan estos huesos, pues era la zona que ocupaba el cementerio. Además, parece ser que, aunque no era muy frecuente, en ocasiones se enterraba a alguna persona distinguida junto a un altar. Será una costumbre que prohibirán los visitadores de la Orden.

Ya bien comenzado el siglo XIX, el 31 de enero de 1805, se dice que la Cruz Parroquial grande de plata tiene el cañón, que entra en el palo de la manga, abollado y debe repararse. Su reparación se tasa en 815 reales. También relaciona tres altares de la capilla de San Antonio, situada en el cuerpo de la iglesia: Ntra. Sra. de la Paz, San Antonio y Ntra. Sra. del Rosario.

En 1808, poco antes de que se produjese el levantamiento del pueblo español con el que se dio comienzo a la guerra de la Independencia, los franceses provocaron robos y saqueos en varios pueblos de Salamanca. Rollán fue uno de ellos. En el *Libro de fundacio-*

---

140 AHN, OO. MM., Consejo, ff. 108-109.

141 1 real = 34 maravedís.

142 Es la primera vez que encontramos una alusión a la ermita del Humilladero. Por desgracia, sin describirse nada de ella ni de la imagen del Santo Cristo del Amparo que en ella se venera; una talla del Cristo Crucificado de finales del siglo XIII o principios del XIV, de estilo italianizante, realizada en madera estofada y policromada.

143 AHDS, APR, *Libro de cuentas de la iglesia y fábrica de la villa de Rollán*. Sig., 322, p.17.

144 *Ibidem*, p. 18.

145 AHDS, APR, *Libro de Fábrica de la Iglesia Parroquial de San Lorenzo de Rollán*. Sign. 322/18.

nes de la parroquia de San Lorenzo, se habla del saqueo de los franceses el 18 de marzo de 1808[146], pero, no tengo datos para saber en qué consistió dicho saqueo.

El 10 de diciembre de 1815, en visita del prior Juan María de Bolaños, efectúa el siguiente auto de reparos en la iglesia[147]:

— Retejar el tejado de la iglesia.
— Fundir, de nuevo, una campana que se halla quebrada.
— El enlosado, bastante destruido, necesita reformarse.
— Poner una puerta en el cuarto trastero, y vidriera y rejilla en la ventana que hay en él.
— Poner otra ventana nueva en la subida de la escalera.

Además, la ermita del Humilladero está totalmente arruinada. La de los Santos Mártires, sin altar alguno, puertas ni ventanas, y solo hay cuatro paredes, y el tejado necesita recorrerse y retejarse para evitar las goteras que puedan destruir las bóvedas que aún subsisten[148].

Después, transcurre un periodo largo de años en los que no tenemos noticias sobre la iglesia hasta 1845, cuando, en una sesión del Ayuntamiento, acuerdan *"… reconocer la bóveda de la iglesia de esta villa, para ver si está o no segura. Se mandó a buscar un arquitecto a Salamanca, para su reconocimiento"*[149].

En 1862, el primer párroco de la villa, D. Nicolás Arias Torres[150], recibe 4 165 reales, que obraban en poder de D. Manuel Villa, para invertir en la obra que era necesario hacer en la iglesia parroquial. Según parece, para dicha obra se trajeron 800 tejas de los Baños. También aportó tejas y ladrillos el tejero de Rollán[151].

La obra necesitó, además, tablas de castaño, varias fanegas de cal para el blanqueo de algunas zonas. Y se pintaron también: el coro, las puertas y los confesionarios.

Solo los jornales de la obra, que fue realizada por Antonio Alonso y demás albañiles, ascendieron a 893 reales[152].

Durante este mismo año de 1862 se adquirieron las imágenes del Ecce Homo, Virgen del Carmen, Nuestra Señora de la Soledad y Santa Margarita.

Después, se sucedieron una serie de pequeñas reparaciones, que son recogidas en el *Libro de la Fábrica de la Iglesia Parroquial de San Lorenzo de Rollán*[153], y entre las que podemos enumerar:

— En 1865: arreglo en los goznes de la ventana del baptisterio y en la de la subida al coro. Por este trabajo se le pagaron 6 reales al herrero.

---

146 Cita tomada de José Antonio Benito Rodríguez, en un trabajo inédito titulado *Rollán cristiano. Apuntes sobre nuestra iglesia*, 2005, p. 9. Él la toma del Libro de Fundaciones de la Parroquia de San Lorenzo, 1874.

147 AHN, Archivo Judicial de Toledo, Juzgado de Iglesias, Libro 3.º, *Reparos de las iglesias*, 1815.

148 Resulta muy raro, porque solo hacía 24 años que había sido reconstruida.

149 AMR., *Libros de Actas de Sesiones del Ayuntamiento*, Leg. N.º 3, Libro 1.º, de 13-5-1845.

150 El día 25 de julio tomó posesión de la parroquia.

151 BENITO RODRÍGUEZ, J. A.: *Ob. cit.*, p. 9.

152 AMR, *Legajo 3, Libro n.º 7*.

153 Este libro está en el AHDS, APR. Comprende los años de 1862 a 1947.

– Por primera vez se habla de dos ventanas que no existen en la actualidad, pero estaban en la zona norte, en dos posesiones adosadas al cuerpo de la nave.

– La entrada al mismo sería por donde, actualmente, están el retablo y altar de San Antonio; y el acceso al coro, mediante escalera que subía hasta una entrada rectangular, ahora tapada, pero que se aprecia su existencia, con toda nitidez, en el muro norte.

– En 1866 se ponen cristales vidrieras del coro y en la del altar mayor. También remates de la espadaña de la iglesia, arreglo de las chillejas y se eleva un poco más la campana grande.

– En 1867 se traen trece y medio metros de piedra granítica para los asientos adosados a lo largo del pórtico de la iglesia, por lo que se le pagan 289 rs. al albañil. También se pone una vidriera completa de doce cristales en la ventana que da luz al altar de la Virgen de la Paz y cuatro cristales pequeños en la ventana de la sacristía. En total, 376 reales. Además, se compraron cuatro candeleros de 14 pulgadas, de plata real, y una cruz del mismo metal por 296 reales.

– En 1871 se cayó parte del cuarto del reloj, teniendo que arreglarse lo que deterioró en la iglesia con su caída; obra que duró tres días y por la que se les pagó a los albañiles 42 reales.

– El 17 de octubre de 1873 el juez eclesiástico ordinario del priorato aprobó las cuentas de la Fábrica de la Iglesia.

– Volvió a aprobar otras cuentas el 23 de diciembre de 1873. Las últimas de Rollán perteneciendo a la Orden de Alcántara.

En 1876, se recibe una Circular del Boletín Eclesiástico de la Diócesis, donde se encarga a los párrocos den cuenta de los desperfectos causados en los tejados de algunas iglesias con motivo del juego de pelota; pues…

> "… no puede consentirse en tales sitios esta diversión, que tan contraria es al respeto debido en los templos, y tan perjudicial a los intereses de sus respectivas fábricas y en último término a los del Estado; y a fin de adoptar disposiciones conducentes a impedirla, los Sres. Curas manifestarán, en el plazo más breve posible a esta secretaría, si existe en sus parroquias esta reprensible costumbre, y en caso afirmativo qué antigüedad tiene, qué medios se han empleado para abolirla, y cuáles se pueden proponer en la actualidad al mismo objeto. Salamanca, 21 de noviembre de 1876. Don Ramón de Iglesias y Montejo. Secretario"[154].

Pues bien, contestando a dicha circular hay un informe que el cura, Nicolás Hernández Pérez, envía al secretario de Cámara y Gobierno del Obispado de Salamanca. En él se indican las acciones intentadas contra esa costumbre que afectaba a los vecinos de Rollán:

> "Me he contentado hasta ahora con amenazarles con la prohibición del juego, apenas sepa que ha subido alguno al tejado sin mi permiso (…) Hasta ahora no han dejado

---

154 Boletín Eclesiástico de la Diócesis de Salamanca, n.º 17. Tomo 23, p. 209.

de ser atendidas estas exhortaciones, pero es de temer (…) Conviene, pues, abolir por completo esa costumbre"[155].

Propone, incluso, que sea el gobernador civil quien pase una Orden a las autoridades locales, dando a conocer la prohibición del juego sobre los templos.

Unos cuantos años después, el gobernador civil de la provincia, D. Emilio Gutiérrez Gamero, publicará, el 15 de marzo de 1887, una circular en la que se dice que

> … son tantas y tan repetidas las quejas que se producen ante este Gobierno, acerca de los desperfectos que se causan en los edificios destinados al culto, con motivo de convertir en juego de pelota los muros de las iglesias, a cuya conservación y reparación está obligado el Estado, que este Gobierno Civil se ve en la precisión de ordenar a todos los Sres. Alcaldes de esta Provincia, prohíban, en absoluto, toda clase de juegos que puedan producir deterioros en los sitios indicados, imponiendo fuertes correctivos a los contraventores, y dando de ello inmediatamente conocimiento a este Gobierno Civil[156].

3   La capilla de San Antonio

Como he dicho antes, esta capilla se añadió a la iglesia alrededor del año 1742. No he podido saber con certeza el año de su construcción. Pero, probablemente, fuera después de la gran reforma que, como consecuencia de las importantes reparaciones que, mediante pleito, le exigió el prior frey don Pedro Zambrana al prior frey don Francisco Calderón de la Barca y Ceballos, y que el Real Consejo de la Orden sentenció a este último a contribuir a los gastos que por derecho le correspondían.

Lo cierto es que dicha Capilla de San Antonio no aparece citada hasta el 6 de agosto de 1748, cuando se produjo otro de los apeos. ¿Por qué, entonces, no se cita en el apeo anterior del año 1742 que, sin embargo, resultó bastante completo y exhaustivo? ¿Pudo ser un olvido? ¿Olvidar que se ha incorporado a la iglesia una nueva capilla? Quizás sea lo más lógico concluir que su construcción se efectuó entre 1742 y 1748.

Descripción de la capilla de San Antonio:

No consta descripción concreta alguna de esta capilla, pero, por los datos que he podido obtener, se deducen las siguientes características:

– Situada al lado derecho de la nave, es decir, orientada al sur y entre el atrio y la sacristía.
– Un arco de medio punto daba acceso a esta capilla.

---

155 AHDS, Expediente M-618(13). *Informe sobre los posibles daños que ocasiona el juego de pelota en la iglesia de Rollán*. 18-12-1876.
156 Boletín Oficial de la Provincia (BOP) n.º 7 del 1 de abril de 1887.

- Con tres altares de piedra: el central, dedicado a San Antonio; el de la derecha, a Nuestra Señora de la Paz; y el de la izquierda, a Nuestra Señora del Rosario.
- El altar central tenía un retablo de madera, de estilo barroco, que aún se conserva, aunque muy deteriorado (ver foto).

Los otros dos altares también tenían retablo barroco, más sencillo y tosco.

Retablo de San Antonio (Foto: Roberto Martín)

- Los tres altares también tienen labrado, en la parte central de su mesa de piedra, un escudo de la Orden de Alcántara (ver foto en página siguiente).
- Con bóveda de ladrillo y floreada con yeso.
- Dos ventanas con vidrieras y rejillas de alambre orientadas al sur, una a cada lado del altar de San Antonio[157], contribuían a dar luz al recinto.

En el apeo, realizado el 3 de mayo de 1753, de la capilla de San Antonio se dice que se encuentra en el lado de la epístola, y que es una capilla nueva con bóveda de ladrillo y floreada con yeso[158].

---

157 Cuando se trasladó este altar se hizo otra pequeña ventana ovalada, en la zona del retablo; es decir, entre las dos ventanas anteriores.

158 AHN, Legajo 5252, libro 2.º.

Escudo de la Orden de Alcántara, detalle del altar de San Antonio (Foto: Roberto Martín)

En una visita del prior frey Francisco Valdivia y Donoso efectuada en 1799, se dice que está situada en el cuerpo de la iglesia y tiene tres altares de: Ntra. Sra. de la Paz, San Antonio y Ntra. Sra. del Rosario.

Los apeos

La función fiscalizadora de la orden necesitaba tener al día una descripción detallada de todos los bienes que poseía en Rollán; también en todo el priorato. Con este fin, "enviaba regularmente un visitador para controlar la actuación de alcaldes y el mayordomo y ordenar los correspondientes apeos"[159]. Los visitadores eran nombrados en el Capítulo General y de este recibían el poder. En el de 1652 se dice que sean dos caballeros de la propia orden. También se establece que la visita a los pueblos e iglesias y posesiones y rentas de ellas había de realizarse cada tres años.

> El visitador debía enterarse cómo se habían cumplido los mandatos de las visitas anteriores, llamar la atención sobre obras necesarias que hubiera que hacer[160].

La villa también era visitada cada año por gobernadores de la Orden para ver…

> … si en ellos se impartía justicia por los alcaldes ordinarios … tomando las cuentas de los concejos, iglesias, ermitas, cofradías y lugares píos (…) debían hacer ejecutar, cumplir y acabar las obras que dejaban mandadas los visitadores y también ejecutar las penas puestas por ellos[161].

Los apeos se realizaban, también, siempre que se producía un nombramiento de comendador o de prior. Querían saber qué bienes y rentas le correspondían por su cargo. Estas operaciones fueron más frecuentes a partir del s. XVIII, con los Borbones y sus necesidades económicas.

Los más importantes, no los únicos, realizados en Rollán, fueron los de los años siguientes: **1574**, 1589, 1617, 1652, 1716, **1739**, 1742, 1748, 1752, 1759, 1774, 1785 (17 de junio), 1796 (3 de abril), 1805 (31 de enero) y **1826** (24 de noviembre).

De todos ellos, describiré —a modo de ejemplo— los señalados en negrita: el de **1574** por reflejar un poco los preparativos de este tipo de operaciones y los bienes que pertenecían a la encomienda de la Magdalena. El de **1739** añade otros detalles de los preparativos, además de ser ordenado realizar por un comendador perteneciente a la

---

159 GARCÍA GÓMEZ, R.: *Ob. cit.* p. 14.

160 MERCHÁN FERNÁNDEZ, C. y BERNAL GARCÍA, T.: *El estatuto jurídico de la Orden Militar de Alcántara*, <Anuario de la Facultad de Derecho. Universidad de Extremadura> N.º 3, 1984-1985, p. 93.

161 MERCHÁN FERNÁNDEZ, C. y BERNAL GARCÍA, T.: *Ob. cit.*, p, 93.

realeza de España: el infante cardenal. El de **1826**, como ejemplo de los ordenados por un prior, que es el más completo de los tres.

Pero el apeo más exhaustivo fue el realizado en 1752, que no detallo aquí, sino en el capítulo correspondiente a la operación del Catastro de Ensenada.

1   Apeo de 1574

La primera visita de la que tengo información es la realizada por el visitador D. Juan de Acuña, comendador de Esparragal. El día 21 de septiembre de 1574 convocó a los dos alcaldes, cuatro regidores, un procurador y al beneficiado cura de la villa (de todos ellos consta su nombre, incluso que alguno no pudo asistir). También convocó a Pedro de Maluenda con cargo y poder de la encomienda, por estar vacante. También acudieron:

> … otros muchos vecinos de la villa, y a todos juntos hice leer y notificar el poder que de V. M. y del Capítulo General tengo para visitar lo espiritual y temporal y el patrimonio de la dicha orden. Y los sobredichos tomaron el poder en sus manos y lo besaron y pusieron en sus cabezas, y dijeron que lo obedecían y obedecieron con la reverencia y acatamiento que debían, como a poder y provisión de su Maestre y del Capítulo General. Y que cuanto al cumplimiento de él que estaban prestos de hacer y cumplir lo que les manda[162].

Luego, mandó al concejo que le señalasen seis personas *'de buena conciencia'*, para que, después de tomarles juramento público, lo asistiesen en la visitación y le informasen de todo lo que él necesitase.

En esta visitación se concluye que la encomienda de la Magdalena posee en la villa de Rollán:

  * 3 casas.
  * 15 prados (hay uno de 10 fanegas, el del asno).
  * 71 tierras, con una cabida total de 80 fanegas.
  * 3 linares, con 4,5 celemines, en total.

Además, al comendador le pagaban *'yantar'* cada año, por Navidad (importaba 150 mrs.).

2   Apeo de 1739

De 1738 a 1785 fue comendador de la Magdalena el infante cardenal arzobispo Luis Antonio Jaime de Borbón-Parma y Farnesio. Al año siguiente de su nombramiento, mandó celebrar un apeo de sus rentas en Rollán. Se trata del *Apeo General, deslinde y medida y amojonamiento de todas las propiedades contenidas en Rollán y su término.* Dicho apeo dio comienzo el 17 de febrero de 1739. Hacía ya muchos años que no se realizaba, por eso muchos sitios y linderos de fincas estaban confusos.

La costumbre era que para conocimiento en general, "se fijase edicto a la puerta principal de la iglesia de dicha villa"[163].

---

162 AHDS, APR, *Posesiones de la Encomienda de la Magdalena en la villa de Rollán, en septiembre de 1574,* Libro de 8 pp.

163 AHN, OO. MM., Consejo de Órdenes, Leg. 5252, libro 1.º, hoja 2 bis.

Como deslindadores nombraron a "Juan Rodríguez y Manuel Hernández, vecinos de la villa, y por medidor a Tomás Martín Cañedo, vecino del lugar de Castellanos de Moriscos"[164].

Este apeo se suspendió antes de terminarse de efectuar totalmente (se reemprendió el 28 de agosto, pero volvió a suspenderse alguna semana después, "porque llovió y era preciso sembrar, para que no se causase graves daños a los labradores que concurrían al apeo (…) se señaló para proseguirlo el día 12 de noviembre de dicho año").

Todas las fincas de las que no se conociera dueño, como ocurría con todos los baldíos, pasaban a ser propiedad de la encomienda de la Magdalena, y —en esta ocasión— la ermita de los Santos Mártires, se encontraba en situación excepcional "… a causa de ser de la obligación de dicho Sr. comendador el repararla, y no haberlo hecho; por lo que por el Sr. visitador general de la Orden mandó aplicar los mostrencos a dicha ermita"[165].

Según este apeo, el priorato tiene 208 fanegas y 120 estadales, sin incluir los prados.

Además, se describen y deslindan 2 casas (la del vicario y la del rentero), una panera y un pajar y la iglesia parroquial. También se hace un inventario de papeles del archivo, con los instrumentos y libros siguientes: 14 legajos de diversos temas, 4 libros de visita, 3 libros de cuentas y una Ejecutoria.

3   Apeo de 1826

El 24 de noviembre de 1826 se comienza otro apeo general y deslinde de predios, según consta en un libro de 116 folios, titulado: *Testimonio íntegro del expediente de Descripción, Apeo y Deslinde de los miembros, fincas, derechos y regalías del priorato de Rollán, para el Sr. Frey Dn. Fernando Zambrano y Zambrano*[166].

Se comienza la operación de apeo general describiendo la casa principal del priorato con sus deterioros y los de la casa del rentero que, según los peritos, "proceden del tiempo de la Guerra de la Independencia".

Describe luego muy someramente la iglesia, y se hace inventario.

Después, describe los terrenos que pertenecen a la *Fábrica de la Iglesia*:
* 136 huebras y 8 celemines de tierra.
* 1 fanega y 8 celemines de 3 prados.

Los arrendatarios pagan, anualmente, 62,5 fanegas de trigo. Además, la Fábrica de la Iglesia tiene derecho a un noveno de todos los diezmos de tierras y prados correspondientes al priorato.

Al priorato le corresponden:
* 221 huebras de tierra de labor, distribuidas en las tres hojas del término de Rollán.
* 21 huebras de tierra en la dehesa y monte.
* 57 huebras de prados.

---

164 *Ibidem*, hoja 3.
165 *Ibidem*, hoja 4 y 4 bis. Los bienes mostrencos pasaban a la propiedad del Estado.
166 AHN, OO. MM., Consejo de Órdenes, Leg. 4536.

Por la renta de dichas tierras pagan los colonos, anualmente, 80 fanegas de trigo.

Otras rentas que percibe el prior son:

— *Diezmos*: una parte de tres de todos los diezmos que provengan de otras fincas que no sean del priorato, de los ganados y demás menudencias que entran en la cilla.

— *Primicia*: de todos los frutos que se colectan. Llegando el número de fanegas a 6, pagan media fanega de cada uno.

— *Congrua*: 882 rs. y 12 mrs, de vellón. Los pagan, por partes iguales, la Mesa Maestral, la encomienda de la Magdalena y el Tesoro ordinario de la Orden de Alcántara.

— *Derecho de Pie de Altar y de Estola*: ¾ partes del derecho las cede al vicario de la iglesia parroquial (la otra ¼ parte la recibe el sacristán).

El cargo de prior le concede, también, diversos poderes:

— *Regalía de ejercer la jurisdicción eclesiástica*: con derecho a visitar sus iglesias, ermitas, capellanías y fundaciones.

— *Nombramiento de vicario*: el prior tiene esta regalía y facultad de nombrarlo, con residencia fija en la villa, por el tiempo que el prior quiera. Este le consigna un estipendio "de 9 fanegas de trigo, 9 de centeno y 330 reales en metálico" (además de las ¾ del Derecho de Pie de Altar antes dichas y casa para vivir).

— *Nombramiento de sacristán*: nombrando a quien quiera. Acostumbra a consignarle por estipendio 88 reales de vellón (8 ducados). Además de ¼ de los derechos de Pie de Altar.

Por otra parte, resulta curioso, y consta igualmente en dicho libro, el inventario de instrumentos, papeles y documentos que son del priorato de Rollán. Lo tuvo que realizar en el archivo de la iglesia de Sancti Spiritus de Salamanca, donde los había dejado depositados el prior anterior, frey Dn. Juan M.ª de Bolaños, para mayor seguridad.

Se describen, también, las rentas que percibe de Garcigrande, donde tiene 21 pedazos de tierra y 3 prados, de los que no se indica cabida alguna; y por los que percibe, anualmente, 9 fanegas de trigo. Además, por diezmos y primicia se sigue el mismo criterio que con Rollán. También ejerce la regalía de la jurisdicción eclesiástica; y, al parecer, no había papeles que inventariar. Pero, sí se describen los desperfectos de la Iglesia de Ntra. Sra. de la Concepción, cuyo coste ascendía a un total de 2.475 reales.

El único vecino de Garcigrande, el arrendatario, dijo que todos los desperfectos eran "debidos al abandono total por hacer mucho tiempo que no se celebraba misa en ella"; y que lo poco que dejaron los franceses lo había reservado en su casa (y relaciona: dos imágenes y varios objetos y ropas de culto). Sin embargo, el cáliz de plata y la patena sobredorada y su cucharilla —dice— se pasaron a la iglesia de San Lorenzo de Rollán.

Pleitos diversos

1 Pleitos por la jurisdicción eclesiástica del priorato de Rollán

El priorato de Rollán era un señorío eclesiástico o de jurisdicción eclesiástica. Varios son los pleitos que por cuestión de la jurisdicción eclesiástica del priorato de Rollán se llevan a cabo entre la Orden Militar de Alcántara, que sostenía era 'nullius dioecesis', y el Obispado de Salamanca; o tal vez sea más correcto decir "algunos obispos de Salamanca", quienes seguían manteniendo su derecho de visita.

Anteriormente, he referido que Ramón García Gómez entendía que, como los Privilegios de 1429 no mencionaban cambios en la jurisdicción eclesiástica de Rollán, esta dependería entonces de la jurisdicción ordinaria del obispado. Este tema, como actual profesor de Derecho en la Universidad de Salamanca y, además, Caballero de la Orden de Alcántara, lo trata él de manera suficientemente amplia y convincente[167].

Por este motivo, tendremos muy en cuenta su opinión.

Según él, de todos los pleitos entre el priorato de Rollán y los obispos de Salamanca, por el derecho a visitar las iglesias que querían dichos obispos, tal vez el más largo y difícil de solucionar fue el iniciado con el Obispo D. Jerónimo Manrique de Lara. En el Bulario de Ortega y Cotes[168] hay varias páginas dedicadas a este tema. El pleito se produce a finales del siglo XVI, y entre la documentación que se genera están:

- Una *Real Executoria y sobrecarta de la jurisdicción eclesiástica* en el territorio de la encomienda de la Magdalena, de la ciudad de Salamanca, y de la villa de Rollán, y de su Anexo, ganada con el obispo de dicha ciudad.
- Carta de este, al día siguiente de la notificación referida, no aceptando y protestando de la nulidad de lo contenido en la Real Executoria.
- Otra sobrecarta del rey, enviada desde Tarazona, pero el 30 de noviembre de 1592, en la cual se dice que cumplan lo que se contiene en la Executoria.

El problema comenzó en el año 1587, cuando el obispo de Salamanca, Jerónimo Manrique de Lara, trató de ejercer su derecho de visita a las iglesias de la Magdalena y de Rollán.

---

167 Me refiero a su obra antes citada de GARCÍA GÓMEZ, R.: *La orden de Alcántara en la provincia de Salamanca. Rollán y la encomienda de la Magdalena*; pp.19-23.

168 ORTEGA Y COTES et Alter…, J. I.: *Bullarium ordinis militiae de Alcántara, olim Sancti Juliani de Pereiro*. Madrid, 1759, En *http://e-spacio.uned.es* documento3.pdf, pp. 532-539.

En la controversia surgida por tal motivo, la Orden de Alcántara recurrió al rey, Felipe II, porque consideró este acto como intromisión sobre territorios exentos. A tal fin, comisionó al procurador general de la orden y comendador de la Magdalena para dirigirse al rey, con el fin de que dictase la resolución adecuada que impidiese al obispo ejercer sobre ellas, "por ser de la dicha Orden y Encomienda", y considerando que aquellas iglesias estaban sujetas "inmediatamente a su Santidad"[169].

Hay un breve de Gregorio XIII, en las disputas sobre diezmos, visitas, beneficios, jurisdicción y otros derechos eclesiásticos entre la Orden de Alcántara y los prelados, cabildos y otros eclesiásticos. Dicho breve, concedido el 20 de octubre de 1584, le confería facultades al rey, como administrador perpetuo de las órdenes militares, y este convocó a tres jueces (uno, del Consejo de Castilla; otro, del Consejo de Indias, y el tercero, del Real Consejo de Órdenes), los cuales pronunciaron sentencia estimatoria a favor de la exención el 26 de junio de 1591. La sentencia es dada ese mismo día, por el rey Felipe II, en San Lorenzo El Real (ver Apéndice n.º 7) y notificada, junto con "sus resoluciones complementarias", a D. Jerónimo Manrique de Lara el 2 de octubre de ese mismo año.

El primero de los priores *nullius* de Rollán, después de esta sentencia de Felipe II, fue frey Pedro Gutiérrez Flórez que, el 24 de julio de 1591, juró no ir contra el Cabildo e Iglesia de Salamanca[170].

La resolución se completó el 30 de noviembre siguiente con una Real Ejecutoria, y el 26 de junio de 1592 con una Sobrecarta de Jurisdicción Eclesiástica.

> Ortega y Cotes indica que la exención reclamada por la Orden estaba ya contenida en las bulas pontificias, en las resoluciones del Tribunal de la Rota y en los cánones de Trento, así como en la 'posesión, uso y costumbre' por lo que los Priores de Rollán siempre detentaron jurisdicción cuasiepiscopal[171].

Con la sentencia "… el lugar de Rollán y la Encomienda de la Magdalena quedaban sujetos solamente al prior de Rollán"[172].

La ejecución de la sentencia no se logró hasta el 13 de mayo de 1595, porque el obispo Jerónimo Manrique puso varios recursos, hasta su muerte en 1593; y también su sucesor, Juan de Almansa, como provisor diocesano en sede vacante. Después de quedar vacante, durante varios años, la sede de Salamanca, el nuevo obispo, Pedro Junco de Posada, gran jurista, expuso al papa Clemente VIII el caso de las exenciones. Según el obispo la jurisdicción diocesana sobre las iglesias del priorato era de tiempo inmemorial; y "que el priorato de Rollán era un 'monstruo… y una franquicia de forajidos y malhechores'"[173].

---

169 GARCÍA GÓMEZ, R.: *Ob. cit.;* p. 20.
170 *Ibidem*, p. 21.
171 *Ibidem*, p. 20.
172 GARCÍA GÓMEZ, R.: *Rollán y su Priorato. Una sonada disputa en los siglos XVI y XVII*, en La Madroña n.º 27, Salamanca 2022, p. 11.
173 GARCÍA GÓMEZ, R.: *La Orden de Alcántara en la provincia de Salamanca. Rollán y la encomienda de la Magdalena*, en pdf; pp. 22-23. Es una cita del Archivo Secreto Vaticano, S. Congregación del Concilio, Visitas ad Límina, 704 A. *Relación que envía el Obispo de Salamanca de las cosas de su iglesia y obispado a su Santidad*.

Cuando falleció el obispo Junco de Posada el asunto pareció volver a olvidarse, aceptando el obispado no visitar el priorato. De hecho, pocos años después, *El Libro de los Lugares y Aldeas del obispado de Salamanca (Manuscrito de 1604-1629)*[174], tras indicar que Rollán pertenece a la Encomienda de la Magdalena, sentencia que *"no se visita"*

Para Naranjo Alonso es importante la bula del papa Martín V, en el año 1426; porque en ella se aclaran y conforman todas las facultades de la orden en su lucha con los obispados donde estaban enclavados sus territorios. En ella se dice que los caballeros y los freires de la orden, tanto en lo civil como en lo religioso dependen de los maestres, quienes no tienen "más sujeción que la inmediata al Romano Pontífice"[175]. Es una bula que se considera fundamental para el gobierno eclesiástico de la Orden en sus prioratos. Muy importante, también, es la bula o Breve del papa Clemente VII, en 1529, pues ya se tendrá como fuente de derechos en todas las contiendas que se susciten con los Obispos y autoridades casi paralelas en el plano social.

A pesar de ello, hasta la desaparición del priorato de Rollán, los conflictos de jurisdicción reaparecían cada cierto tiempo, mediante pleitos con sentencias, a veces, desfavorables a los intereses de la Orden de Alcántara. Por ejemplo, en la operación del Catastro de Ensenada, efectuada en el año 1752, se afirma que el priorato de Rollán es *nullius dioecesis* (es decir: de ninguna diócesis). Sin embargo, Ramón García Gómez refiere que, años después, el 23 de marzo de 1768 el obispo Felipe Bertrán emitió un edicto por el cual prohibía a todas las iglesias "… por más exémptas que fuesen" que tocasen sus campanas durante el triduo pascual. Pero el prior de Rollán, no lo obedeció bajo el pretexto de que quien se lo debía mandar era el Consejo de Órdenes. Esto dio lugar a otro largo pleito que concluyó, varios años después, en sentencia de 23 de septiembre de 1772, confirmada por Carlos III y, en este caso, fallando a favor del obispo[176].

2 Pleitos de la villa contra sus 'señores'

El Privilegio Rodado que Juan II concede a Rollán el año 1429 aporta a la villa unos derechos que administran, como ya se ha dicho, dos alcaldes: uno elegido por el comendador de la Magdalena, el alcalde mayor, y el otro (el ordinario) elegido por el pueblo de entre sus hombres buenos. Muy probablemente esto explica algunos de los litigios que la villa sostuvo, desde mediados del s. xv, con los comendadores, con la encomienda, con los priores … en definitiva, con los señores de la villa. También los hubo entre los mismos habitantes de Rollán.

A lo largo de la historia, vasallos y campesinos han aguantado muchos abusos y violencias de sus señores antes de atreverse a "levantarles la voz" y, mucho menos, a formular una denuncia; porque no era fácil ganar un pleito a los 'señores', incluso aunque la ley pareciera estar de su parte. Se arriesgaban a ser declarados en rebeldía ante la más

---

174 Introducción y transcripción de A. CASASECA MANTECA y J. R. NIETO GONZÁLEZ. Ed. Universidad de Salamanca, 1982.

175 NARANJO ALONSO, C.: *Ob., cit.*, p. 401.

176 GARCÍA GÓMEZ, R.: *Ob. cit.;* p. 24.

mínima protesta. Los tumultos y violencias de los de abajo solo se producen cuando ya no pueden aguantar las cargas e impuestos o cuando los pocos derechos y libertades que conseguían eran pisoteados o anulados por sus señores o, también, cuando se juntaban ambos motivos:

> Los abusos señoriales al tratar de imponer cargas y obligaciones que rompían con las costumbres y libertades ganadas generaciones pasadas fueron los motivos que acabaron movilizando a la masa productora[177].

A continuación, expongo ejemplos de los diversos pleitos que se produjeron:

2.1 Contra un Comendador, año 1553[178]

Pleito del concejo, justicia y regidores y vecinos particulares contra el Comendador Frey Antonio Galíndez de Carbajal, Comendador de la Magdalena. Entre estos vecinos particulares se relacionan, también, tres mujeres.

El Concejo de justicia, regidores y vecinos particulares de la villa demandaron al comendador, porque éste *compró una casa en la villa* que era de un hombre pechero, que pagaba pechos y fueros por ella al rey, no pudiéndola comprar siendo caballero y (palabra ilegible), los cuales no pueden comprar bienes ningunos en esta villa.

El comendador fue condenado, en primera instancia, a no cobrar el *caíz o foro* que, anualmente, recibía de cada vecino[179]. Pero, en la apelación del comendador, éste salió absuelto.

Después, *concejo y vecinos fueron condenados en rebeldía y presos* en la cárcel de la Corte, por término de 90 días. El defensor, Gregorio de Carrión, debió apelar ante el Consejo de Órdenes. Por este motivo hay una carta que el rey Carlos I dirige al comendador frey Antonio Galíndez de Carbajal. En ella dice que…

> … Gregorio de Carrión se presentó ante el Consejo de Órdenes quejándose y apelando a la nulidad o agravio contra sus partes (los defendidos) de los autos dados por el Juez de Comisión del Rey, el Licenciado Herrera, quien condenó a algunos de ellos a muerte y a otros a azotes y destierro, pérdida de bienes y otras penas… y me suplicó lo mandase todo revocar… En Madrid a seis de abril de 1553.

Llegaron a estar en prisión y algunos vecinos, cuyos nombres se relacionan también, dieron muestra de su solidaridad con los condenados, hasta el punto de que estaban dispuestos a salir fiadores pagando todo lo que se demandase en la causa.

---

177 DE LA MONTAÑA CONCHIÑA, J. L.: *La red comendataria alcantarina en el s. XV,* en Revista de Estudios Extremeños, vol. 64, n.º 2, 2008; p. 759.

178 AHN, OO. MM., Archivo Judicial de Toledo, Leg. 27591.

179 Impuesto que podía llegar a ser de 6 fanegas de trigo, si el vecino tenía dos o más pares de bueyes de labor.

Según parece, por lo menos para lo pedido por algunos de ellos no había lugar (Madrid, 12 de mayo de 1553). Este día

> … el Consejo de Órdenes mandó que, dando las fianzas y pagando lo que contra Alonso Sánchez y Bartolomé Merino (eran los alcaldes ordinarios) presos, fuere juzgado y sentenciado en la causa por la que están presos, sean sueltos de la prisión en que están por término de 90 días.

Siete días después, el 19 de mayo de 1553, pagada también la fianza, serían liberados: Domingo Gómez, Miguel Grande, Catalina (mujer de Lucas Sánchez), Isabel (mujer de Tomás Sánchez) y Domingo Rodríguez. Todos ellos vecinos de Rollán y también condenados a los 90 días.

2.2 Contra un escribano intruso, año 1569[180]

Se Llamaba Juan González. Era escribano de la villa y fue denunciado por usar el oficio de escribano sin serlo.

Es un proceso en el que el alcalde ordinario de Rollán, Alonso Sánchez, en la causa criminal que procedió contra él, interrogó a varios vecinos, y también el prior que, entonces, era frey Antonio Brabo.

Fue condenado y estuvo preso en la cárcel pública de la villa, que se ubicaba en el propio Ayuntamiento.

Después de estar un tiempo en la cárcel se le liberó, al parecer sin terminar de cumplir la condena. Lucas de Carrión, en nombre de la villa de Rollán apela pidiendo justicia y que, Juan González, vuelva a la prisión.

Casi diez años más tarde, el 13 de enero de 1579, el rey Felipe II envía una Provisión Real al alcalde mayor[181] en la que se manda prender, de nuevo, a Juan González, y que

> se le meta en prisión hasta que se emita nueva sentencia, so pena de 10.000 maravedís para la Cámara del Rey.

Días después, el 29 de enero, en un auto de frey Juan de Grijota, Alcalde Mayor de la villa de Rollán, se concluye que, después de una larga prisión, fue liberado "a causa de ser muy pobre y padecer mucha necesidad".

2.3 Contra un administrador de la encomienda de la Magdalena, año 1579[182]

Frey Juan de Grijota era administrador de la encomienda de la Magdalena, alcalde mayor de la misma (como ya se ha dicho) y rector del Colegio de Alcántara en Salamanca.

Los alcaldes de la villa y el procurador Tomé Sánchez lo denuncian ante el Consejo de Órdenes, porque "… ha quebrantado su jurisdicción y fuero y más cosas".

---

180 AHN, OO. MM., Archivo Histórico de Toledo, Leg. *26926.*

181 Entonces residía en Salamanca, dependiendo directamente de la encomienda. En cada nombramiento, por Navidad y graciosamente, el concejo de Rollán le pagaba 7 pares de gallinas. En Rollán los dos alcaldes eran ordinarios. AHN, OO. MM., Consejo de Órdenes, *Lejajo 6797, Libro 1.º*.

182 AHN, OO. MM., Archivo Judicial de Toledo, Leg. 33315.

En nombre de los denunciantes, presenta la denuncia, Lucas de Carrión, el 25 de febrero de 1579. Los cargos que se presentaban contra Juan de Grijota eran:

- Tomó residencia a Pedro Vara, alcalde de la hermandad de la villa y, sin haber cumplido un año, le quitó la vara.
- Mandaba que se llevasen ante él los procesos originales, y muchas veces se los tomaba él sin estar sentenciados por la justicia ordinaria.
- Había nombrado oficiales sin nombrar el doble de personas, previamente, por el Concejo, como se hace desde tiempo inmemorial; para que el comendador o su alcalde mayor nombrase uno de dichos alcaldes y regidores para el año siguiente. Y había dado las varas y oficios a quien él había querido.
- Que habiendo visitado los mesones la justicia ordinaria, él los visitaba de nuevo aplicando la pena.
- Además, que cuando visitaba la villa las costas y gastos que él y sus criados y oficiales tenían, mientras estaban en la villa y en los días de camino, aunque se estuviese entendiendo en sus negocios, debían de ir a su costa; pero hacía que el Concejo se las pagase, sin reponer él lo que le requerían.

Por todos estos motivos, el defensor Lucas Carrión le había suplicado al rey que le mandase dar su Carta y Provisión Real para que dicho alcalde mayor repusiera todo lo que debía y respetase las costumbres de la villa, "mandándole con pena que no se entremeta"[183].

Para su defensa, Juan de Grijota dio un poder a Juan de Almunia, en Madrid el 25 de febrero de 1579.

El rey Felipe II envió respuesta al administrador de la encomienda y alcalde mayor de ella a través de Lucas de Carrión, presentador de la querella. (Pero no he podido saber qué respondió. ¿La Carta y Provisión Real que se pedía, fue tomada como sentencia?).

2.4 Contra un Visitador, año 1585[184]

Problema: el Concejo rompe como tierras lo que era pasto común de los vecinos. Se trataba de unas 10 fanegas, más o menos. Se hicieron dos pedazos de tierras.

Como consecuencia de la visita a la villa del comendador Juan Vázquez de Acuña, visitador general de la orden, este mandó que *no labrasen ni sembrasen los propios y pedazos de tierra concejiles* sin la licencia del rey, como administrador perpetuo de la orden.

La Real Provisión, por la que labraban y sembraban los propios, había sido hecha con anterioridad. La pidió el visitador general, pero en Rollán no la tenían. Por ello, tuvieron que iniciar este pleito.

El 3 de mayo de 1585 comenzó la *Averiguación de las tierras públicas y concejiles que hay en los términos de la villa*. El juez, licenciado Ortíz, mandó presentarse a declarar a

---

183 *Ibidem.*
184 AGS (Archivo General de Simancas), *Expedientes de Hacienda*, Sign. 373, Libro 2.º.

tres vecinos de Rollán. Los tres declararon que el concejo de esta villa mandó romper, y se rompieron las tierras siguientes:

- A las eras chicas: 2 pedazos de tierra de 10 fanegas, más o menos. Hacía unos 10 años antes, que se rompieron.
- De la dehesa de la villa: 2 pedazos pequeños de tierra, de unas 2 fanegas. También, hacía 10 años.
- Debajo del Camino del Medio: otros 2 pedazos de tierra, que harían otras 2 fanegas. Se rompieron hacía 5 o 6 años.
- A Valdelapila de Pozos: una tierra de trigo de Francisco García de Tierra. Que hará que no labra 2 o 3 años, o más.
- Al Rodillo Cabezo: hará más de 10 años la sembró un año solo, porque el concejo la dejó para pasto común de la villa.
- A los Salmuriales: otra que el concejo rompió, hará 10 o 12 años; de unas 2 fanegas. No se labra más de 5 años. Se dejó para pasto común de vecinos.
- A las Fuentes: un pedazo de tierra que el concejo rompió hace más de 20 años, siendo tierra pública concejil.

Lo anterior fue declarado por Esteban Tocino. Después declararon lo mismo Alonso Mayor y Tomé Sánchez. Ninguno firmó la declaración, porque no sabían hacerlo.

En un *auto*, del 4 de mayo, dictado por el juez, licenciado Ortíz, se manda que dentro de los 3 días siguientes presenten los títulos de las tierras que han roto, siendo "tierra pública concejil, pasto común de los vecinos". Lo curioso es que los mandaba presentar en Vitigudino, donde iba a ir él.

La *notificación* le llegó a los dos alcaldes, cuatro regidores y el procurador del concejo, quienes dijeron que se le diera traslado a (nombre ilegible) y a Alonso de Vega.

También dijeron que para ir a Vitigudino era muy poco tiempo, pidiendo le concedieran seis días. Y el juez se los concedió.

El 9 de mayo Tomé Sánchez, en nombre de los vecinos y hombres buenos de Rollán, cuyo poder presentó, compareció y dijo que fue notificado a Francisco González, alcalde ordinario de la villa, un auto mandando se presentase en Vitigudino mostrando derechos y títulos del concejo. Que con Provisión Real visitó la villa Dn. Bartolomé de Villabicencio, visitador general de la Orden de Alcántara, el cual llevó los títulos y derechos y la Real Provisión de su Majestad emanada del Consejo de las Órdenes, por la cual, como gobernador de la orden, dio licencia para romper ciertas tierras que están 'rompidas', y el visitador lo dio por bueno. Después pidió y suplicó a su merced que si había lugar se exonerase de la causa y la remitiese al dicho visitador y, si esto no ha lugar, prorrogue otros veinte días más o los que fuere, para que el concejo envíe a la villa de Alcántara o donde estuviese el visitador para pedirle y traer la "Real Provisión y los demás títulos que llevó para los presentar ante V. merced en esta causa, porque no es justo que perezca su justicia por falta de término, sobre que pido justicia y en lo necesario el beneficio de V. m. imploro"[185].

---

185 AGS, Expedientes de Hacienda, Sig. 373, Libro 2.º, *Averiguación de la villa de Rollán*, p. 8.

Provisión Real:

> "Don Felipe, por la gracia de Dios rey de (…) habiendo esa villa tenido costumbre de hacer sembrar, en cada un año cierta parte de sus propios y términos de ella para el pósito y proveimiento de los 'probes' (…) y no siendo más de hasta 8 o 10 fanegas… el Comendador Juan Vázquez de Acuña, Visitador General… proveyó y mandó que no se labrasen ni sembrasen los dichos propios y pedazos de tierra concejiles, sin nuestra licencia (…) por la presente *os damos licencia y facultad para* (…) *labrar y sembrar según y como lo habéis tenido de costumbre* y para el mismo efecto (…) Dada en Madrid a 10 de mayo de 1576 años"[186].

2.5 Contra un Prior, año 1815[187]

La Justicia, Regimiento y Vecinos de la villa de Rollán contra el prior de Rollán, Frey Dn. Juan María de Bolaños y Guzmán.

Parece que el prior anterior, D. Francisco de Valdivia y Donoso había obtenido comisión del Sr. juez protector de iglesias para la recaudación de los débitos a las Fábricas de las Iglesias del priorato, y que con este motivo había formado 17 expedientes contra otros tantos deudores, y por la guerra de la Independencia habían quedado sin concluir ni cobrar dichas deudas, que ascendían a un total de 36.937 reales y 7 maravedís. Se relacionan después 15 de los expedientes (los otros dos, pagaron).

De los 37.000 reales que se debían, 29.000 eran de Sebastián Rodríguez, pero éste y sus fiadores interpusieron recurso para "eludir o entorpecer el pago"[188] (ver apéndice n.º 8).

El 10 de octubre de 1815 el prior redacta un *informe* pedido por el juez protector, sobre cada uno de los recursos. En él se dice que no valen las razones de la guerra, porque para entonces ya deberían haber pagado todo. En cuanto al caso de Sebastián Rodríguez, piensa que los fiadores podían haber influido más para haber ido pagando, antes de su actual decadencia, que reconoce, "haciéndose por lo mismo más responsables a su pago y siendo ellos la causa de los atrasos de Sebastián por los empréstitos y adelanto de caudales que, tengo entendido, les ha hecho". Propone no haber méritos para el perdón que solicitan "cuyas propiedades ni las han llevado ni destruido los enemigos como los efectos de la iglesia"[189].

Todas estas deudas provienen desde el año 1802 hasta el año 1806.

Del día 20 de octubre de 1815 hay un escrito del licenciado Cutanda, defensor de los deudores, quien conociendo ya los recursos y el informe, atendiendo a

> … la falta de sinceridad de muchos de los recursos y las necesidades de las iglesias, cuyo peso ha de recaer sobre otros, entiende ser muy justo que se apruebe la pro-

---

186 Archivo General de Simancas, Expediente de Hacienda. *Provisión para romper los baldíos*, Sig. 373, Libro 2º. (5 hojas)

187 AHN, OO. MM. Archivo Judicial de Toledo, *Juzgado de iglesias*, Leg. *5976*. Libro 1.º.

188 Sebastián Rodríguez era el cillero y Administrador de las rentas de las iglesias de Rollán y Garcigrande.

189 AHN, OO. MM. Archivo Judicial de Toledo, *Juzgado de iglesias*, Leg. *5976*. Libro 2.º.

puesta del comisionado a cerca de cada uno de los expedientes (…) dejando a su prudente arbitrio el conceder, a los que le parezcan dignos de esta gracia, plazos moderados, y cumplido cualquiera de ellos sin haber pagado, continúe los apremios con toda actividad dando aviso del resultado de sus procedimientos al fin de cada mes"[190].

El 26 de septiembre de 1816 se produce una carta-queja al Sr. juez protector de varios de los deudores, porque el prior "sin aviso formó expediente y les ocasionó costas superiores a las deudas". Estos expedientes se formaron en abril de 1815. Después les hizo firmar obligaciones en las que incluía dichas costas. Por ello, le suplican que el prior sobresea los expedientes formados.

En Madrid, el 4 de noviembre de 1816, el defensor, en vista de esta queja, dice que el comisionado (el prior) no ha cumplido la orden del 27 de octubre de 1815, para que al fin de cada mes diese cuenta del resultado de sus procedimientos.

El 28 de diciembre de 1816 el vicario, padre Juan Estévez Guerra, escribe una carta al Sr. juez protector previendo que el prior Juan María de Bolaños y Guzmán lo va a echar, después de llevar 29 años ejerciendo. Le detalla sus honorarios:

> "El asignado de la Vicaría, de tiempos antiguos, es: 9 fanegas de trigo, 9 de centeno y 330 reales, el que devenga mi comunidad por su asistencia. Hace dos años que no lo paga el Sr. prior (…) Hoy me mantengo con un corto Pie de Altar por ser el pueblo bastante pobre y arrasadísimo por las calamidades pasadas. Le he suplicado varias veces que me alargara el asignado, según han variado los tiempos, o siquiera me diera para los pobres alguna cosa, que a todas horas llegan a la puerta del sacerdote, y nada he conseguido… que también V. E. me protegerá, si es que lo merezco"[191].

Según parece, al anterior prior ya le debía el vicario 1.200 reales y 120 de costas, porque los sacó del archivo de la iglesia en los años calamitosos pasados. Pero en 1807 pagó 1.000 reales. En 1817 solo le quedan las costas por pagar, pues en 1815 pagó los otros 200 reales; y se le piden los 120 reales de costas de antes, y de después otros 33 más. Al parecer, porque no estaba muy bien acreditado el pago de los 200 reales.

El 2 de junio de 1817 en una larga instancia al juez protector de iglesias se dan quejas del comportamiento del prior:
- Malos modos e indignos tratamientos que el pueblo recibe todos los días.
- Con "demasiada frecuencia" profiere palabras indecentes e injuriosas.
- Trata públicamente de ladrones a su vicario y feligreses, a pesar de haber recibido lo que le señaló el Sr. provisor de Salamanca y pagó el administrador de Bienes Nacionales por los años que abandonó la jurisdicción[192]. Algunos, por los malos tiempos pasados no han podido pagar, por lo que los ha molestado continuamente. Con esta actitud va a arruinar al pueblo y las iglesias.

---

190 *Ibidem.*
191 AHN, OO. MM. Archivo Judicial de Toledo, *Juzgado de iglesias*, Leg. *5976, Libro 3.º*.
192 Durante los años de la guerra de la Independencia.

- Ha tenido 3 años de pleito con el vicario que, por abandono suyo, puso el Sr. provisor del Obispado, durante 4 años, y las cuentas que presentó, dadas con la mayor legalidad y firmadas de la justicia, fueron maliciosamente pasadas al fiscal quien, pudiendo aclararse verbalmente como ha ocurrido después de los 3 años de litigio, aprobándose con corta diferencia. Por esto, las iglesias tuvieron que abonarle 900 reales.
- Los caudales que debía poner en el archivo de las iglesias, los deposita en manos ilegales.
- Se ha puesto a comerciante de granos y, aprovechándose de la calamidad de los tiempos y miseria de los labradores, les ha dado fiadas muchísimas fanegas apreciadas un tercio más, haciéndoles firmar una obligación que, declarando la cantidad debida, ocultan las fanegas recibidas para que no aparezca el delito.

Por todo ello, le suplican (al Sr. juez protector de las iglesias) tenga a bien proveer y mandar al Sr. prior que no moleste con costas ni pleitos a los miserables deudores de las iglesias, prontos a realizar el pago; que se use con estos de piedad, haciéndoles alguna rebaja. También, que el Sr. prior admita el precio corriente de los granos que ha fiado y que se les "… ponga un vicario como el que, por espacio de 29 años los había dirigido y gobernado con paz y aprovechamiento espiritual de todo el pueblo"[193].

Al año siguiente las cosas seguían igual. El mismo prior había nombrado al mismo apoderado (D. Andrés Pérez) para cobrar solo lo que se debía a las iglesias y ponerlo en el archivo. Pero no solo no hizo eso, sino que, además, sacó dinero del archivo y se lo entregó, junto con las rentas anuales al Prior.

El 28 de noviembre de 1817 varios de los deudores elevan instancia al Sr. juez, protector de las iglesias de la orden, para que suspenda todos los procedimientos de cobro, o ejecuciones iniciadas. Entre otros motivos alegan que en 1803 y 1804 se conoció una gran miseria y escasez en todo el reino, y fue cuando contrajeron sus deudas con las iglesias. Esos años y posteriores subieron los precios y, consecuentemente, sus deudas crecieron. Después vino la guerra con sus grandes contribuciones y saqueos que sufrió el pueblo. Luego, la piedra y escasez de cosecha en años sucesivos, hasta el presente, les impidió 'levantar cabeza'. Indican que habían acudido al Sr. comisionado, para que les pusiera nuevos plazos de pago; pero esto excedía de sus facultades.

Proponen una nueva *escritura de obligación* de satisfacer en el próximo agosto 4 000 reales, repartidos en proporción entre los deudores, y cada año el mismo mes, satisfacer la misma cantidad.

Parece que el resto de deudores sí pagaron. Pero, después de haber hecho una nueva instancia al Sr. juez protector de las Iglesias de Rollán y Garcigrande.

---

193 Se refieren al vicario frey Juan Estévez Guerra.

3   Otros pleitos de interés

A modo de ejemplo, a continuación, describo dos de los pleitos que, entre otros, se produjeron en la villa de Rollán.

3.1 Contra Tomé Sánchez y Asensio Herrero, año 1575[194]

El año 1575 hubo, no solo en Rollán sino también en su comarca, *"mucha esterilidad"* y para remediar a los vecinos, a los pobres y pasajeros que por ella pasaban, y para remediarse, también, de otras necesidades que le surgieron a la villa, como hombres de armas y soldados que estuvieron aposentados, y otros gastos forzosos "tuvieron necesidad de tomar, a censo, del concejo de la villa 430 ducados". Porque tuvieron necesidad de solventar estas situaciones con brevedad.

Por este motivo, el concejo y vecinos de la villa acordaron que por los que no tenían licencia de V. M. para tomar el dicho censo, tomaran el censo ellos sobre sus bienes, que el concejo y sus propios se encargarían de ello. Con esta buena fe los encausados tomaron a censo sobre sus bienes los 430 ducados a la ciudad de Salamanca. Los gastaron en comprar trigo para el pósito de la villa y remediar dichas necesidades.

Al parecer se produjo una denuncia contra Tomé Sánchez y Asensio Herrero, tomadores del censo.

Tiempo después los encausados solicitan al comendador frey Bartolomé de Villavicencio les diese licencia para que del pósito se vendiese el trigo en la cantidad y réditos del censo, para redimirlo y quitarlo; y de esta manera ellos quedasen libres[195].

Pedro Pina, en nombre de Tomé Sánchez y Acencio Guerrero y consortes, el 22 de marzo de 1588, se dirige al rey exponiéndole que el concejo de la villa y el pósito de ella ya tienen los 430 ducados[196] del principal del censo. Le pide y suplica a S. M. que mande dar su carta Provisión

> … para que, del pan y dineros que al presente tiene el pósito de la villa de Rollán, se redima y quite el principal de dicho censo… y así mismo paguen los réditos comidos y que comieren hasta que realmente se quite. O que el concejo se encargue del censo[197].

La respuesta es del 24 de marzo de 1588. Es una carta que el rey dirige a "vos el Concejo, Justicia y Regimiento de la villa de Rollán", donde dice que "se proveyó de esa petición de quitar el censo, que NO había lugar"[198].

El pleito concluye el 3 de agosto de 1590. En la sentencia se acepta que probaron, Tomé y los vecinos su parte, y el Concejo, no.

> (…) mandamos que dicho concejo se encargue del censo (…) y de pagarle los réditos a las personas (…) y los saque libres e indemnes del dicho censo.

---

194 AHN, OO. MM., Archivo Histórico de Toledo, Leg. 33851.
195 AHN, OO. MM., Archivo Judicial de Toledo, Leg. 33851, hoja 3.
196 El ducado equivalía a 11 reales.
197 AHN, OO. MM., Archivo Judicial de Toledo, Leg. 33851, hojas 1 y 1 bis.
198 *Ibidem*, hoja 21.

3.2 Hacendados y labradores contra los vecinos caseros, año 1774[199]

El motivo del pleito fue por el aprovechamiento de pastos. El alcalde José Martín y los caseros impidieron a los hacendados y labradores que sus ganados de labor pudieran aprovechar, a su debido tiempo, los prados boyales, de heno y de guadaña.

En un 'juicio contradictorio' el alcalde había condenado a los labradores, de manera injusta, y los arrestó y metió en prisión.

Del 7 de junio de 1774 hay una Ejecutoria de sentencia del Real Consejo de Órdenes a favor de los labradores de Rollán contra los caseros sobre el aprovechamiento de pastos[200].

Al parecer, los mantuvo en prisión desatendiendo notificaciones y advertencia de que le mandarían, si no cumplía, al alcalde mayor de Salamanca, como así fue. Pero, el alcalde ordinario, José Martín aceptó contra su voluntad. Por eso, no tardó en encontrar nuevos motivos y, representado por Pedro Moro (personero del común de Rollán), intentó continuar el pleito. Sin embargo, el alcalde ordinario caicero, José Luis Martín, en ausencia de José Martín (que, sin duda, se hubiera opuesto), fue quien aceptó la última notificación.

El defensor de los hacendados y vecinos labradores, Antonio de Parga, dijo:

> Se hace indispensablemente preciso que, para cortar de raíz semejantes arrestos, tropelías tumultuarias y atentados injustos, y que en ellos se contengan como es debido los sucesores alcaldes de los caseros, se les inhiba o prohíba todo conocimiento en orden a los pastos reservados para los ganados de la labor en los meses y tiempo que se prescriben en la supra dicha Real Ejecutoria y demás providencias superiores en su consecuencia dadas por el Consejo[201].

Se acompañaba una *Petición* del defensor Parga: que en el futuro se diera comisión al alcalde mayor o corregidor de la ciudad de Salamanca, para que en caso de desobediencia o resistencia a su ejecución del alcalde de los Caseros o por estos fuera a la villa, inmediatamente, a exigir la multa de los 500 ducados que se impuso *"al que se justifique ser contraventor"*.

La respuesta a esa petición:

> No ha lugar a lo que esta parte de los vecinos Labradores de Rollán solicita; líbrese la Provisión que está mandada en doce de mayo del año próximo pasado. Madrid y junio primero de mil setecientos ochenta y dos.

Posteriormente, se recibe una:

> Provisión del Real Consejo de Órdenes, para que los alcaldes de la villa de Rollán, guarden y cumplan en un todo la Ejecutoria librada a instancias de los Hacendados

---

199 AHDS (Archivo Diocesano de Salamanca). Cajón 12, Legajo n.º 55. 40 pp.

200 AHDS, Cajón 49, Leg. 3, n.º 65. Parece ser que los caseros habían metido sus borricos en dichos prados.

201 AHDS, Cajón 12, Legajo n.º 55, pp. 19-20.

en su término, contra los vecinos caseros, sobre disfrute de pastos, pena de quinientos ducados, que se exigirán al contraventor. Dada en Madrid a 6 de julio de 1782[202].

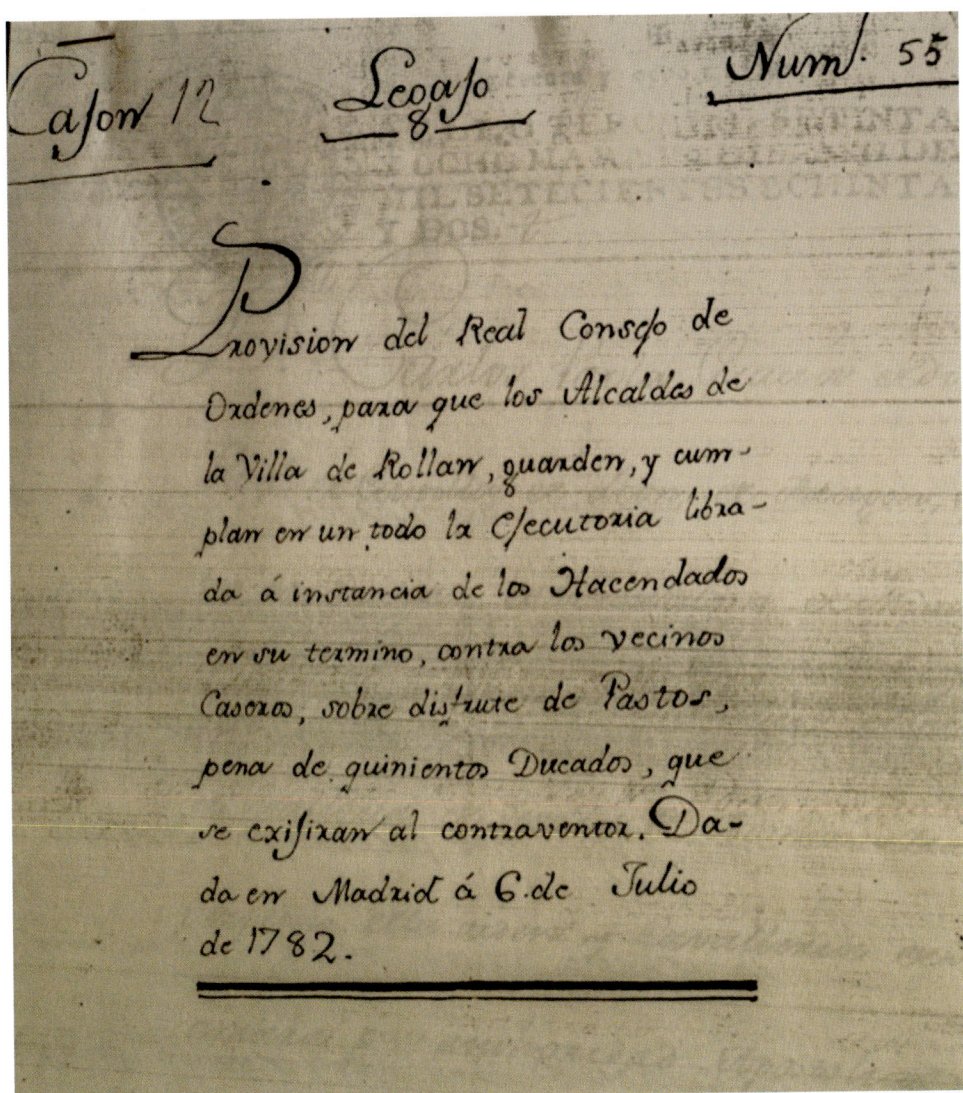

Esta Provisión, amparada en una Real Ejecutoria de Carlos III, administrador perpetuo de la orden y caballería de Alcántara por autoridad Apostólica, se dirige a los alcaldes de los caseros de la villa de Rollán: José Martín, alcalde casero y Nicolás Martín, alcalde caicero.

202 AHDS., Cajón 12, *Legajo N.º 55*, p. 1. Carátula.

El 16 de noviembre de 1782, el escribano José Iglesias de la Casa comunica la Real Provisión al alcalde caicero de la villa, Nicolás Martín. Este "dijo la obedecía con el debido respeto" y que se guardase una copia en el 'archivo de papeles del Concejo'.

Dicho alcalde, para que se enterasen de ello todos los vecinos, mandó "tocar la campana a Concejo público", al que concurrieron la mayor parte de vecinos labradores y caseros. Después aparece una relación de miembros del Concejo y vecinos a los que el escribano, "en altas e inteligibles voces" les leyó la Real Provisión que, respondieron, obedecían.

Rollán durante la Edad Moderna

En este capítulo reflejaré, por orden cronológico, hechos o datos en los que aparezca Rollán y me resulten de algún interés. Por supuesto, exceptuando otros que ya han sido tratados o referidos en: Apeos, pleitos, la iglesia parroquial, etc., y otros que, por su importancia, trataré más pormenorizadamente como: la operación del Catastro de Ensenada, el nuevo retablo de la iglesia y la reforma de la ermita.

Convento de franciscanos y hospital

No sabemos la fecha en que se estableció en Rollán un convento de franciscanos y un hospital; pero a finales del s. xv se refiere su existencia. El convento estaba ubicado en la salida norte de la villa, a la izquierda del camino de Golpejas; y el hospital, seguramente, a la derecha de dicho camino. El convento estaba "…destinado a atender a los peregrinos que venían de Portugal camino de Santiago"[203].

Ya en una descripción y apeo de 1652, mandado hacer por el Conde de los Arcos y de Añover, comendador de la Magdalena, se dice: "… el hospital de esta villa, que está sin paredes"[204].

En el año 1752, cuando se efectuó la Operación del Catastro de Ensenada ya no existían, como tales, ni el convento ni el hospital. Sin embargo, hasta casi entrado el s. xxi aún quedaban restos de las celdas del convento; pues era un edificio que, por lo menos, desde finales del s. xix estuvo dedicado a 'Botica', hasta cerca de los años setenta del siglo pasado. Del hospital ha quedado el topónimo de esa zona.

Del año 1538, hay una Escritura de venta de un huerto cercado de piedra, con un peral y un álamo, en el término de la villa de Rollán, "donde dicen Las Norias, y que pertenece a los Niños Expósitos". Es a favor de Hernando de San Pedro, marido de D.ª Bárbara de la Carrera. También se dice que "otorgó Alonso Magro, vecino de Rollán, en ella, ante Pedro Fernández, el 22 de febrero de 1538, en 1360 mrs."[205].

---

203 VV.AA., Revista *Sociología Religiosa y Pastoral de Conjunto de la Diócesis de Salamanca*", Tomo I, Estudio n.º 56, ISPA, p. 226.

204 AHN, OO. MM., Consejo de Órdenes, Leg. 4462.

205 ACS (Archivo Catedralicio de Salamanca), Caja 49, Leg. 3, n.º 13.

En esa misma fecha, Hernando de San Pedro aparece también como comprador de: una cortina y un palomar (Leg. 3, n.º13), y una tierra (Leg. 3, n.º19).

Además, el 6 de junio de 1544, compra a Juan Esteban "lo que heredó en Rollán" (Leg. 3, n.º 22); y, el 24 de noviembre de 1547, la herencia de Rollán de Cristóbal Hernández (Leg. 3, n.º 23). Compró también, el 20 de marzo de 1549, "una tierra en Rollán de Alonso Magro" (Leg. 3, n.º 20).

El 6 de junio de 1618, el conde de los Arcos, comendador de la Magdalena, conoce los reparos que se necesitan hacer en Rollán[206].

- Primeramente, "aderezar el cercado grande y cortina en la que se siembran 4 fanegas de pan. Para ello, serán necesarios 400 carros de piedra para levantarla".
- También "debe comprarse o hacer una casa en la que viva el rentero; con una panera donde recoja el pan de la renta y caíces que se pagan al Señor, por no tener la dicha villa casa ninguna en que esté seguro el pan que en ella se metiere". El 15 de enero de 1619 se decide consultar la necesidad de los reparos. De ello se encarga a fray Agustín Velas de Tineo, rector del Colegio de Alcántara. Hay cinco personas que testifican la necesidad de hacer la cerca, para que los ganados de los vecinos no entren; porque, "aunque el prado es muy bueno, sin cerca no se puede guardar". Opinan que para la cerca se necesitan más de 300 carretadas de piedra. Que, si esto no se hace, cuando se acabe el arrendamiento actual no habrá labrador que arriende la heredad. Además, justifican, también, la necesidad de casa y panera, porque al tener el pan fuera algunas veces le ha faltado. Calculan que ambas supondrán 250 ducados (2.750 rs.).

Las obras se sacaron a pública subasta, previo anuncio mediante pregón en Rollán, y 17 días de pregones en Salamanca.

Al parecer las obras se le adjudicaron a Alonso de Ayala, maestro carpintero de Salamanca, en 2700 rs. El 1 de febrero de 1621 ya se habían realizado las obras "… de forma que puede vivir cualquier rentero en la casa, y encerrar en las paneras más de mil fanegas de pan"[207].

---

206 AHN, OO. MM., Archivo Histórico de Toledo, *Obras y reparos del Priorato,* Leg, 29907.
207 *Ibidem.,* Leg. n.º 29907.

La operación del Catastro de Ensenada

Mediado el siglo XVIII eran bastantes los impuestos y rentas provinciales que tenía que manejar la Administración General de la Corona de Castilla. Se encontraba apremiada, además, por la ineludible necesidad recaudatoria. Ante esta situación se le ocurre la idea de simplificar y unificar todos los impuestos en uno solo, denominado *"Única Contribución"* y que fuera proporcional a la riqueza de cada uno.

Entre los años 1750 y 1754 todas las poblaciones de las dos Castillas fueron sometidas a un *Interrogatorio* constituido por cuarenta preguntas predeterminadas (ver apéndice n.º 9).

El Archivo Histórico Provincial de Salamanca ha sido mi fuente documental para este interesante tema. Con el título: *La operación de la villa de Rollán para el establecimiento de la Única Contribución* se hallan los 5 libros, del 2002 al 2006, que contienen la documentación relativa a Rollán. El libro 2007 corresponde a Cojos de Rollán; y los del 2008 al 2010, a Garcigrande.

La documentación que generó esta operación constituye:

> … la más antigua y exhaustiva encuesta disponible sobre los pueblos de la Corona de Castilla a mediados del siglo XVIII[208].

Dicha operación, más comúnmente llamada del *Catastro de Ensenada*[209], comienza con un Real Decreto e Instrucción Complementaria del 10 de octubre de 1749, dado por el rey Fernando VI, asesorado por su Consejo Real. Se trataba del primer paso con vistas a la solución del complejo problema administrativo. La disposición real tenía la finalidad de

> … reducir a una sola contribución las de Millones, Alcabalas, Cientos, Servicio ordinario y sus agregados, contribuyendo cada vasallo en proporción de lo que tiene con equidad y justicia[210].

---

208 GARCÍA GÓMEZ, R.: *"La villa de Rollán en las Respuestas Generales del Catastro del Marqués de la Ensenada (1752-1753)"* en Rev. La Madroña n.º 26. Año 2021, pp. 20-21.

209 Porque el autor de este proyecto fue el Marqués de la Ensenada, Zenón de Somodevilla y Bengoechea, ministro de Fernando VI.

210 MATILLA TASCÓN, A.: *La Única Contribución y el Catastro de la Ensenada*. Madrid, 1947, p. 47.

Se continúa con un Auto para la fijación del Edicto que se dio el día 24 de octubre en Ciudad Rodrigo. Entonces, Rollán pertenecía, judicialmente, a Ciudad Rodrigo.

En Rollán la operación fue llevada a cabo por D. José Jerónimo Fernández de Ocampo, como juez subdelegado del intendente de la provincia de Salamanca, D. José Joaquín de Vereterra Valdés y Quiñones. Dicho juez, con un escribano, llegó a Rollán el día 1 de noviembre de 1752. El 'Fiel de Fechos' de la villa, Manuel Rodríguez, ayudó a los vecinos a formar las relaciones de todos los

> que en dicha villa y su término tengan hacienda de raíz y otros derechos útiles, que dentro de ocho días (…) entreguen en la Audiencia del Subdelegado[211].

Parece ser que los vecinos cumplieron con su trabajo, porque hay una fe de diligencia, donde se dice:

> Doy Fe de que dicho día 7, por la tarde, hasta el 18 del mismo mes, su merced, dicho Sr. Juez, en compañía de mí el escribano se ocupó en revisar las Relaciones, enmendarlas y reducir otras a método[212].

La operación continúa enviando una notificación a los alcaldes para que nombren peritos para el reconocimiento del término. Se indica que deben ser labradores prácticos de toda confianza. Los alcaldes, el día 18, nombraron como peritos:

> … por ser labradores de ciencia y conciencia, a Francisco Martín y Pedro de la Torre, vecinos de esta villa[213].

Del día siguiente, hay un auto de aprobación de estos peritos, a los que se les entrega "… lo que han de traer sabido, y se les notifique reconozcan el término, para que informados de él formen la Relación de Pagos y Sitios, y asimismo vengan a evacuar el Interrogatorio de la letra A, en el día 21 del presente mes"[214].

Se cita, también, para ese mismo día, a la justicia y al vicario de la parroquia.

Desde el día 23 hasta el día 29 de ese mismo mes de noviembre, inclusive, les lleva el reconocimiento de casas, prados, predios y demás heredades, además de las tres hojas del término: de Abajo, de los Palomares y del Tocón[215]. Previamente, el primer día de estos, se tomará, de nuevo, juramento a los peritos y justicia[216].

---

211 Catastro de Ensenada. Libro 2002, pp. 2-3. Había una multa de 200 ducados para quien incumpliera ocultando información o no presentándola en el plazo prefijado.

212 *Idem*. Libro 2002, p. 11.

213 *Idem*. Libro 2002, p. 12.

214 *Idem*. Libro 2002, p. 13.

215 Aparecen topónimos con alguna diferencia sobre los que actualmente conocemos: madroñera (madroña), bostán (bostal), berija (guedija).

216 La justicia, entonces, en Rollán la ejercían los alcaldes ordinarios.

1 Algunas respuestas generales al interrogatorio

(Referiré solo las que considero de mayor interés)

De Rollán se dice:

– Es una villa de señorío (**2.ª**)[217]: Pertenece al serenísimo infante cardenal, Luis Antonio de Borbón y Farnesio, a quien pagan anualmente todos los *labradores el caíz o foro*, que se reduce a 3 fanegas de trigo por cada par de bueyes de labor, y el que tiene reveza paga 4 fanegas y media; y el labrador que tiene dos pares le paga 6 fanegas. Aunque tenga tres o cuatro pares paga también 6 fanegas.

Asímismo, contribuyen *todos los vecinos con la martiniega* [218], que se reduce a 12 maravedís, cada vecino casero. Si es labrador, 20 maravedís. También, quien se quiera avecindar en la villa contribuirá con 4,5 reales.

Todo ello suman 58 fanegas de trigo y 40 reales en dinero.

Además, por *razón de su señorío*, nombra justicia (uno de los dos alcaldes), por lo que percibe 7 pares de gallinas, que pueden valer 49 reales. *Y 60 reales en dinero*, los que se entregan al alcalde mayor que viene a entregar las varas.

– Es tierra de secano (**4.ª**): para trigo, centeno, garrobas y algunos garbanzos. Lo normal es solo trigo y centeno. También hay cortinas cercadas para herrén, algunos prados de guadaña y pastos de particulares hacendados y diferentes valles y ejidos comunes en común aprovechamiento de los vecinos, y algún monte de encinas que produce poca bellota y del que no se permite corta, solo sirve para abrigo de los ganados. La poca bellota que se produce es aprovechada en común por los vecinos.

Se siembra a 3 hojas denominadas: de Abajo, Palomares y el Tocón, alternativamente una cada año[219].

– Todo el término tiene (**10.ª**): 3302 fanegas (que los peritos clasificaron como de tres calidades), de las cuales:

   • En cortinas para herrén = 20 fanegas.
   • De sembradura = 2.490 fanegas (1.910 de trigo y 580 de centeno)
   • Prados de guadaña de particulares = 150 fanegas.
   • Eras, ejidos comunes y valles = 142 fanegas.
   • En el monte = 500 fanegas[220].

– Valor de los productos (**14.ª**): la fanega de trigo, 14 reales; de centeno, 8; de garrobas, 7; de cebada, 6; de garbanzos, 24.

La libra de queso, 24 maravedís; un cordero por San Juan, 5 reales; un becerro, también por San Juan, 44 reales; un potro o potra, 60 reales; un jumento o

---

217 Entre paréntesis y en letra negrita pongo la pregunta del interrogatorio a la que se responde.

218 Se denominaba así porque se pagaba o satisfacía el día de San Martín, 11 de noviembre. Es el impuesto más antiguo en la Corona de Castilla.

219 La de Abajo comprendía el terreno incluido desde el camino de Cojos al de Pozos; la de los Palomares, desde el de Pozos al de Canillas; y la del Tocón, desde el de Canillas al de Cojos.

220 Unas 320 son de pasto y bellota, y otras 150 fanegas de terrón labrantío, también de pasto.

jumenta lechuza, 18 reales; un cerdo de siete semanas, 4 reales; un pollo por San Juan, 18 maravedís; un cabrito, 5 reales.

La fanega de bellota, 3 reales; un carro de heno, 18 reales; un cuartillo de miel, 1,5 reales.

– Impuestos (**15.ª**):

- *Diezmo*: a Dios Ntro. Sr. y a su iglesia, y el voto al Santo Apóstol Santiago. Diezmo en todo género de granos, y en lana y queso. Igualmente, todos los ganados menores. En cuanto al ganado mayor: caballar, mular, jumentos y vacuno, a 10 maravedís cada cabeza mular, 8 el caballo, 4 el jumento y 7 el ternero.

  En la Cilla Común[221] entran todos los diezmos que causan las tierras, excepto las que goza y posee el serenísimo Sr. infante cardenal[222], las del priorato de esta villa, las que goza esta iglesia y las que corresponden a la ermita de los Santos Mártires.

- *Primicia*: pertenece al prior de esta villa, don Alonso Valencia y Brabo. Llegando el labrador o senarero a coger 6 fanegas de todo grano, media de cada especie; aunque coja muchas más de 6 fanegas, paga lo mismo.

- *Voto al Apóstol Santiago*: llegando a emprimar media fanega de la mejor semilla.

- *Casa diezmera*: llamada Quarta, que al presente tiene Pedro Moro, vecino de esta villa. Todo lo que adeuda por ella lo percibe la Santa Iglesia Catedral de Salamanca, excepto media fanega de toda semilla que corresponde al citado priorato, por razón de primicia.

– Los derechos por frutos de cada especie ascienden (**16.ª**), anualmente, a:

- Diezmos de granos: 220 fan. de trigo, 22 de centeno, 2 de cebada, 10 de garrobas y 2 de garbanzos. Total: 3 386 reales.

- Diezmos menudos: 900 reales de vellón.

- De primicia: 8 fan. de trigo, 5 de centeno, ½ de cebada, 2 de garrobas y como 3 o 4 celemines de garbanzos. Total: 177 reales.

- El voto del apóstol: 10 fan. de trigo, más o menos. Total: 140 reales.

- Los diezmos de la Quarta Casa: 210 reales vellón.

  Todos los derechos ascienden a **4.813 reales**.

– Hay un Tejar (**17.ª**): que pertenece a los herederos de Juan de la Torre, y que dejará de utilidad 100 reales.

– Sólo hay 13 pies de colmenas (**19.ª**): de las cuales 4 pertenecen a José Fernández y los otros restantes a Matías González.

– Los ganados que hay (**20.ª**):

- *Vacuno*: 37 bueyes, 85 vacas, 32 novillos, 23 erales, 2 añojos, 36 terneros. En total, 215 cabezas.

---

221 En Rollán la Cilla Común era un edificio que se destruyó en 1982. En su lugar se construyó una casa y oficina de la Caja de Ahorros de Salamanca, una casa para el médico, el consultorio y un centro de telefonía.

222 Luis Antonio Jaime de Borbón y Farnesio, hijo de Felipe V y de Isabel de Farnesio.

- *Lanar:* 1 010 ovejas, 136 carneros, 43 borregos, 423 corderos. Total: 1 612 cabezas.
- *Cabrío:* 120 cabras, 5 machos cabríos, 6 primales, 41 cabritos. Total: 172 cabezas.
- *De cerda*: 249 cerdas de vientre, 53 de año, 127 de cría. Total: 429 cabezas.
- *Caballar:* 5 caballos, 18 yeguas, 5 potros, 4 potras. Total: 32 cabezas.
- *Menor de caballería*: 107 jumentos y 39 pollinos. Total: 146 cabezas.
    Todo ese ganado corresponde a los vecinos y a algunos residentes.
    Pero el estado eclesiástico, en este caso solo el vicario, tiene también los animales siguientes:
- *De cerda:* 3 cerdos grandes y 2 sobre un año. Total: 5 cabezas.
- *Caballar:* 1 potro de cría.
- *Vacuno:* 1 vaca y 1 ternero. Total: 2 cabezas.

- Población (**21.ª**): Se compone de 120 vecinos, incluido el Párroco y 10 viudas. Además hay 18 residentes.
- Edificios (**22.ª**): hay 138 casas, ninguna arruinada. Habitables y con morador 123 de ellas y 15 sin él, aunque habitables.
    También hay 18 pajares, 2 paneras, 3 solares.
- Propios del Concejo (**23.ª**): la casa de consistorio, que sirve también de cárcel, el pósito de esta villa y otra casa que sirve y dan de limosna a el maestro de niños para que él la habite. También tiene el Concejo un corral que sirve para encerrar el ganado que se prenda haciendo daño. Estas propiedades no rentan.
    También, como 15 fanegas de tierra en las 3 hojas del término, que rentan cada año 6 fanegas de trigo; es decir, 84 reales vellón.
- Recaudación de arbitrios (**24.ª**): se arrienda la taberna cuando hay alguien que la ponga. Este año la tiene Pedro Rodríguez en precio de 1 060 reales vellón. Y cuando se halla necesitado el Concejo vende leña vieja del monte (100 rs.), o arrienda algún pedazo de valle entrepanado (150 rs.). Ambas cosas pueden importar como 250 reales vellón, que se añaden a lo rentado por la taberna.
- Gastos del común (**25.ª**): tiene los pagos del fiel de hechos, predicador de cuaresma, misas de buenos temporales, conductor de bullas, romería de voto, veraderos, viajes precisos de sus capitulares, mojoneras, limosna de Casa Santa, redención de cautivos, niños expósitos, hospital de locos de Valladolid, recién convertidos, sacerdotes pobres, enfermos, reparos de casas y fuentes, hijuela de sexmeros, limosna a San Antonio Abad, gasto de lecciones de oficios y otros. Todos ellos ascenderán a **2.724 reales** vellón[223].
- Contribuciones (**27.ª**): 2.442 reales y 6 maravedís cada año. De ellos: 1 400 de sisas, 495 de alcabalas, 477 de zientos y 70 de servicio ordinario[224].

---

223 Más adelante detallo estos gastos con su respectivo importe.
224 AHP, Libro 2002. Es lo que se paga de Reales Tributos en la villa.

– Hay (**29.ª**): una taberna y un mesón propio de las Benditas Ánimas y su cofradía, por el que Isidro Gómez paga 150 reales vellón cada año.

– Hay (**32.ª**): *un teniente vicario* del priorato, D. Francisco González, que recibe del propietario 330 reales y 18 fanegas de grano (la mitad trigo y la otra mitad centeno), y las misas dotadas que ascenderán a 745 reales. En total, **1.273 reales**. Sin tener en cuenta el producto de obvenciones y ofrendas casuales.

> *Un sacristán*, Francisco Garrido, que percibe anualmente 175 reales, y 3 fanegas de trigo que le da el concejo por tocar a nublado. Total **217 reales**.
>
> *Un fiel de hechos*, Manuel Rodríguez, que tiene de salario **200 reales** al año.
>
> *Un cirujano*, Juan Arribas, que percibe 115 fanegas de trigo = **1.610 reales**, por asistir a vecinos de Rollán y otros pueblos de alrededor[225].
>
> *Un cillero*, Antonio Rodríguez, al que los interesados en los diezmos le pagan **199 reales**.
>
> *Un tabernero*, Pedro Rodríguez, que puede ganar **718 reales** vellón.
>
> *Un mesonero*, Isidro Gómez, con una ganancia estimada en **540 reale**s vellón.
>
> *4 tratantes* (comerciantes):
> * *2 de jabón*, cuya utilidad se estima en **300 reales**.
> * *2 de huevos*, que se estima en **250 reales**.

– Ocupaciones (**33.ª**): hay *20 labradores* (incluidas 3 viudas), a los que se le considera una utilidad de 2 reales al día, por los 180 que se regulan útiles para su trabajo.

> *2 herreros*, con 3,5 reales al día, por los 180 útiles, también.
>
> *15 sastres* (3 de ellos con oficial y otros 3 con aprendiz). A los que mantienen oficial se les regulan 4 reales al día; a los de aprendiz, 3 reales; y a los que están solos, 2 reales.
>
> *9 zapateros*, (uno de ellos con 2 oficiales, otro con 1 oficial y otro con 1 aprendiz). Al de 2 oficiales se les regulan 6 reales al día; al de 1 oficial, 4 reales; al que tiene 1 aprendiz, 3 reales; y al resto, 2 reales al día.
>
> *10 tejedores de lana* (uno con oficial). A éste se le regulan 3 reales al día, y al resto, 2 reales.
>
> *5 tejedores de lino* (uno con oficial y otro con aprendiz). Los que no tienen ni mancebo ni aprendiz, regulan que ganarán real y medio al día; el que tiene oficial, 2,5 reales; y el de aprendiz, 2 reales, por los mismos 180 días que se consideran útiles al año.

– Otras ocupaciones (**35.ª**): *21 puros jornaleros*. Por los que se regula real y medio al día.

> *8 pastores*, que cada uno percibe al año 140 reales y 7 fanegas de trigo (98 reales). En total, **238 reales**.

---

225 Se relacionan los lugares siguientes: Calzada de Don Diego, Canillas de Abajo, Sagos, Cojos de Rollán, Torrecilla y Garcigrande.

También hay *5 guardas*:

- El de *ganado de cerda*, tiene de salario 40 fanegas de trigo al año, **560 reales**.
- El de los *bueyes*, gana 36 fanegas, **504 reales**.
- El de *burras*, 26 fanegas, **360 reales**.
- El de *panes*[226], gana 35 fanegas, 490 reales.
- El del *monte*, 26 fanegas, **360 reales**.

También se indica que hay 19 viudas a las que nada regulan.

- Pobres (**36.ª**): un pobre de solemnidad, Esteban Sánchez.

Es interesante la relación de gastos del Concejo, que alcaldes, regidores y procurador le entregan, al juez subdelegado del Sr. intendente de la provincia, el día 26 de noviembre de 1752:

* 12 reales, de los inocentes locos de Valladolid.
* 62 reales, que llevó el juez que vino a traer las elecciones.
* 20 reales, que gastaron los de las bullas cuando se 'trajon' a la villa.
* 30 reales, que lleva el *beredero*[227] que trae las órdenes a la villa.
* 40 reales, que pagamos de aguardiente en la ciudad de Salamaca.
* 360 reales, que se gastaron en componer las aguas de la villa y calles del Concejo, pozos y casas de consistorio.
* 236 reales, de hijuela de sexmeros.
* 100 reales, de utensilio que pagamos de luz y carbón.
* 30 reales, que faltaron en las raciones de un batallón de soldados que venía de San Felices para la corte de Madrid.
* 60 reales, de las misas de buenos temporales.
* 150 reales, que hace de gasto el padre predicador de la Cuaresma.
* 100 reales, que se gastaron en componer la plaza y los rollos donde se fijan los edictos de esta villa.
* 200 reales, que hacen de gasto los religiosos que se hospedan en casa del procurador cuando van y vienen a pedir limosnas y de órdenes a Ciudad Rodrigo[228] y otras partes.
* 60 reales, de pobres tullidos que se hospedan en casa del procurador, del gasto que se hace en llevarlos en caballería para otros lugares y darles de comer.
* 40 reales, de estudiantes que vienen a pedir de la ciudad de Salamanca y otras partes.
* 4 reales, al Sr. vicario.
* 200 reales, que tuvo de bosta el nuevo plantío.
* 40 reales, que se le dan al *saludador*[229] por venir a saludar los ganados de la villa.
* 40 reales, que se le dan a la Parroquial de San Antón en Salamanca.

---

226 Guarda de campo era una persona que guardaba las tierras sembradas del término.
227 Beredero: persona que iba a Salamanca para traer y llevar documentos.
228 Entonces, como hemos dicho, Rollán pertenecía a la Audiencia de Ciudad Rodrigo.
229 El saludador de los ganados era un curandero de los animales.

* 200 reales, que se gastan el día de San Fabián y San Sebastián con los vecinos y circunvecinos que se hallan en la caridad a dicha fiesta.
* 100 reales, que se gastan el Jueves Santo en lavatorio y colación[230].
* 60 reales, que se gastan el día de Santa Bárbara.
* 30 reales, de cristianos nuevos que van y vienen.
* 200 reales, de gastos de Justicia… a verse con abogados y a otras diligencias.
* 100 reales, que se gastan en ir todos los vecinos en Rogativas al lugar de Garcigrande el lunes de Albillo (ahora lo llamamos Lunes de Aguas).
* 50 reales, que se gastan en visitar caminos, monte y componer mojones en el término.

Todos estos gastos suman un total de ***2.724 reales***.

Interesante me parece, también, reflejar la relación de *Hacendados Extranjeros'* tanto eclesiásticos como seculares, que dan los alcaldes ordinarios:

a/ Eclesiásticos:
* El eminentísimo Sr. infante cardenal.
* El Colegio de San Bartolomé (el viejo) de Salamanca.
* El Hospital de Niños Expósitos de Salamanca.
* El beneficio del lugar de Barbadillo.
* La encomienda de San Juan de Barbalos de Salamanca.
* Las religiosas de Carbajal de Santa María de León.
* La Iglesia de la Trinidad de Salamanca.
* La capellanía que fundó D. José Vereterra.
* La capellanía que fundó D. Juan de Haumada (sic).
* El Convento de La Merced Calzada de Salamanca.
* La Memoria de Dª Francisca Carbajal.
* El Convento de San Francisco El Grande de Salamanca.

b/ Seculares:
* D. Julián Rascón, vecino de Salamanca.
* D. Pablo Gualfajara, vecino de Salamanca.
* D. Pedro de Paz.
* Catalina Martín.
* Beatriz Rodríguez.
* Luis Sánchez.
* Juan Mondragón.
* Juan Agustín Maldonado.
* Hay otros 17 más.
* Y seis vínculos que gozan otras tantas personas.

En la documentación del *Libro 2002* de la Operación del Catastro de Ensenada en Rollán, que tanto me ha servido para lo expuesto anteriormente, he visto que los alcaldes

---

230 Se lavaban los pies de 12 pobres y también les daban algo de comer.

ordinarios de ese año 1752, Francisco Sánchez y Manuel Pérez, no sabían firmar. Cuando tienen que firmar una certificación lo hace un testigo, no ellos.

Según el *Libro 2003* del Catastro, cuando se produce esta operación le corresponden al Estado eclesiástico, secular y regular: **1 643 fan. y 10 cel**.

A vecinos y hacendados forasteros seglares le corresponden: **1 272 fan. 12 cel., y 2 cuart.** [231].

2 Bienes declarados de algunos propietarios

Los bienes que se detallan a continuación serán objeto de las desamortizaciones que se efectuarán en el siglo siguiente.

Bienes de propios:
- 3 casas y un corral[232].
- 5 tierras de secano, de mediana calidad, con una superficie total de 16,5 fan.[233]
- 6 prados:
  + Uno de 40 fan.: 10 de buena calidad, 10 de mediana y 10 de inferior calidad.
  + Otro de 30 fan.: 7 de buena, 14 de mediana y 9 de inferior calidad.
  + Otro de 25 fan.: 10 de mediana calidad y 15 de inferior.
  + Otro de 26 fan.: 5 de buena calidad, 8 de mediana y 13 de inferior.
  + Otro de 6 fan.: 2 de mediana calidad y 4 de inferior.
  + Otro de 3 fan.: las 3 de mediana calidad.
- Una dehesa compuesta de monte alto y bajo, de 320 fan. de terrón, que se disfruta de pasto y bellota: 20 fan. de buena calidad, 80 de mediana y 220 de inferior calidad[234].
- 2 pedazos de tierra: uno, de 7 fan., y otro de 4 fan., ambos para pasto, y de mediana calidad[235].

Bienes del priorato de Rollán: [236]
- 2 casas.
- 35 tierras en la hoja de Abajo.
- 31 tierras en la hoja de Palomares.
- 25 tierras en la hoja del Tocón.

Diezmos que producen cada año estas tierras:
  + 23 fanegas y 1/5 de trigo.
  + 2 fanegas, 1 celemín y 4/5 de otro, de centeno.
    Los que ascienden a 338 rs., 31 mrs., y 4/5 de otro.

231 AHP, *Catastro Marqués de Ensenada*, Libro 2003, p. 11.
232 *Idem*, pp. 17v – 18v.
233 *Idem*, pp. 19-21.
234 *Idem*, pp. 24v – 25.
235 *Idem*, pp. 25 – 25v.
236 AHP, Catastro Marqués de Ensenada, Libro 2005, p. 3.

Bienes de la iglesia parroquial de Rollán: [237]
- 1 solar de casa.
- 16 tierras en la hoja de Abajo.
- 10 tierras en la hoja de Palomares.
- 17 tierras en la hoja del Tocón.
- 1 prado de guadaña, al Bostal, de 1 celemín. De buen pasto.

Diezmos que producen cada año estas tierras:
+ 3 fanegas y 5 celemines y 3/10 de otro, de trigo.
+ 6 celemines y 1/10 de otro, de centeno.
  Los que ascienden a 50 rs., 3 mrs., y 2/3 de otro.

Bienes de los Santos Mártires de la villa de Rollán: [238]
- 64 tierras en la hoja de Abajo.
- 65 tierras en la hoja de Palomares, cultivadas; y 5 tierras eriales, por dejadez. Más 22 tierras labrantías.
- 43 tierras en la hoja del Tocón.

Bienes de la Cofradía de las Ánimas de esta villa de Rollán: [239]
- 5 casas. Tres de ellas habitadas y otra que sirve de mesón.
- 1 tierra en la hoja de Abajo.
- 5 tierras en la hoja de Palomares.

Bienes de el eminentísimo Sr. infante cardenal[240].
- 1 casa habitada.
- 1 cortina para verde y herrén.
- 13 tierras en la hoja de Abajo.
- 18 tierras en la hoja de Palomares.
- 18 tierras en la hoja del Tocón.
- 3 prados de guadaña.

  Estas propiedades producen de renta anual 50 fanegas de trigo.

Diezmos que producen cada año estas tierras:
+ 8 fanegas, 8 celemines y 4/5 de otro, dc trigo.
+ 1 fanega de centeno.
  Los que ascienden a 129 rs., 19 mrs., y 1/3 de otro.

Bienes del Hospital de Niños Expósitos de Salamanca[241].
- 1 casa habitada.
- 2 cortinas de secano y que producen herrén.
- 69 tierras en la hoja de Abajo.
- 55 tierras en la hoja de Palomares.
- 52 tierras en la hoja del Tocón.

237 AHP, *Idem*, p. 44.
238 AHP, *Idem*, p. 63.
239 AHP, *Idem*, p. 143.
240 AHP, *Idem*, p. 158.
241 AHP, *Idem*, p. 184.

- 11 tierras en el centro del monte de esta villa. Son 23 fan. y 10 cel. de terrón.
- 10 prados de guadaña.
- 26 prados de secano inclusos en pastos comunes de la villa, con un total de 35 fanegas y 4 celemines.
- 1 censo a su favor de 250 reales de principal, que sus réditos al 3 % importan, anualmente, 7 reales y 17 maravedís.

3   Perceptores de algunos derechos-impuestos

En realidad, se trata, fundamentalmente, de intentar completar la respuesta a las preguntas núms. 15 y 16 del interrogatorio, aclarando quién percibe los diezmos, primicias y cuánto suponen, en especie y/o en metálico.

Refiriéndose al quinquenio 1748-1752, la media anual percibida de dichos años, fue la siguiente:[242]

1   *El eminentísimo Sr. infante cardenal don Luis Antonio Jaime Borbón y Farnesio*: Por los diezmos que producen sus tierras en Rollán: 8 fan., 8 cel., y 4/5 de trigo, y 1 fan. de centeno. En total: **129 rs., 19 mrs. y 1/3 de otro.**

2   *El prior de Rollán*, don Alonso de Valencia y Bravo:
  2.1 Por diezmos de granos[243]:
    – De trigo: 74 fanegas, 11 celemines, 2 cuartillos y 2/5 de 'otro'.
    – De centeno: 7 fanegas, 11 celemines, 2 cuartillos y 2/5 de 'otro'.
    – De cebada: 7 celemines, 2 cuartillos y 2/5 de 'otro'.
    – De garrobas: 3 fanegas, 10 celemines, 1 cuartillo y 3/5 de 'otro'.
    – De garbanzos: 6 celemines, 3 cuartillos y 1/5 de 'otro'.
    En total, unos **1.161 rs., 17 mrs. y 3/9 de otro.**
  2.2 Por diezmos menudos (Sanjuanegos y Martiniegas):
    307 reales, 31 maravedís y 2/5 de 'otro'.
    En total = **1.469 rs., 14 mrs. y 7/10 de otro** por **diezmos de granos.**
  2.3 Primicia de todos los frutos que se colectan[244]:
    – De trigo: 9 fanegas, 9 celemines, 2 cuartillos y 2/5 de 'otro'.
    – De centeno: 5 fanegas, 7 celemines y 4/5 de cuartillo.
    – De cebada: 8 celemines, 1 cuartillo y 3/5 de 'otro'.
    – De garrobas: 2 fanegas, 10 celemines, 3 cuartillos y 1/5 de 'otro'.
    – De garbanzos: 4 celemines, 3 cuartillos y 1/5 de 'otro'.
    En total, unos **217 rs., por primicia.**

---

242   Son los datos que dio el vicario de la villa de Rollán, Don Francisco González Montesinos, en la Operación del Catastro de Ensenada, el día 1 de diciembre de 1752. Al comendador se le paga 'yantar' (150 mrs. por Navidad) y 'penas y calonias'.

243   AHP, *Libro 2005*, p. 582.

244   *Idem*, p. 588.

3 *El vicario de Rollán*, don Francisco González Montesinos:
   3.1 Por diezmos de granos:
     – De trigo: 74 fanegas, 11 celemines, 2 cuartillos y 2/5 de 'otro'.
     – De centeno: 7 fanegas, 11 celemines, 2 cuartillos y 2/5 de 'otro'.
     – De cebada: 7 celemines, 2 cuartillos y 2/5 de 'otro'.
     – De garrobas: 3 fanegas, 10 celemines, 1 cuartillo y 3/5 de 'otro'.
     – De garbanzos: 6 celemines, 3 cuartillos y 1/5 de 'otro'.
     En total, **unos 1.200 reales**.
   3.2 Por diezmos menudos (Sanjuanegos y Martiniegas):
     307 reales, 31 maravedís y 2/5 de 'otro'.
     En total = **1.507 rs., 31 mrs. y 2/5 de otro**, por diezmos de granos.
   3.3 Por Derecho de Pie de Altar[245]: Tres cuartas partes.
Por otra parte, también pertenecen al beneficio curado de Rollán los diezmos y Pie de Altar de la Iglesia de Ntra. Sra. de la Concepción, del lugar de Garcigrande[246].

4 *Tercias Reales que goza la Real Universidad de Salamanca*:
   4.1 Por diezmos de granos:
     – De trigo: 49 fanegas, 11 celemines, 2 cuartillos y 4/5 de 'otro'.
     – De centeno: 5 fanegas, 3 celemines, 2 cuartillos y 4/5 de 'otro'.
     – De cebada: 5 celemines, 2/10 de un cuartillo.
     – De garrobas: 2 fanegas, 6 celemines, 3 cuartillos y 3/5 de 'otro'.
     – De garbanzos: 4 celemines, 2 cuartillos y 2/20 de 'otro'.
     En total, **unos 900 reales**.
   4.2 Por diezmos menudos (Sanjuanegos y Martiniegas):
     205 reales, 9 maravedís y 3/5 de 'otro'.
     En total = **1.105 rs., 9 mrs. y 3/5 de otro**, por diezmos de granos.

5 *La Fábrica de la Iglesia de Rollán*:
   5.1 Por diezmos de granos:
     – De trigo: 24 fanegas, 11 celemines, 3 cuartillos y 2/5 de 'otro'.
     – De centeno: 2 fanegas, 7 celemines, 3 cuartillos y 2/5 de 'otro'.
     – De cebada: 2 celemines, 2 cuartillos y 1/10 de 'otro'.
     – De garrobas: 1 fanega, 3 celemines, 1 cuartillo y 4/5 de 'otro'.
     – De garbanzos: 2 celemines, 1 cuartillo y 1/20 de 'otro'.
     Total, **unos 381 reales**.
   5.2 Por diezmos menudos (Sanjuanegos y Martiniegas):
     102 reales, 21 maravedís y 4/5 de 'otro'.
     Total = **483 rs., 21 mrs. y 4/5 de otro**, por diezmos de granos.

---

245 Son otros emolumentos que recibe el sacerdote por diversos actos religiosos que realiza.

246 Otros bienes que ya entonces posee el beneficio de Rollán lo constituyen bastantes pedazos de tierra y algunos prados, repartidos por todo el término de la villa, y de Garcigrande, al ser aneja a la de Rollán la iglesia de este lugar, donde tiene obligación de administrar los sacramentos.

5.3 Por primicia: Una de tres partes, lo que supone **unos 81 reales y 2 maravedís.** Percibe la Fábrica de la Iglesia, en total = **564 rs., 23 mrs. y 4/5 de otro.**

6 *La Sacristanía de Rollán*:

6.1 Por Derecho de Pie de Altar: la cuarta parte (en el año 1617 equivalían a 6 o 7 fanegas de trigo, más 6 ducados de salario).

6.2 Por primicia: Dos de tres partes; es decir, **unos 162 reales y 5 maravedís.**

En Resumen, ¿cuánto totalizan los derechos referidos? Aplicando los precios que anteriormente se han aplicado a los granos, tendríamos (importes aproximados):

- Los Diezmos:
  - En especie de granos: 234 fanegas de trigo, 25 de centeno, 1,85 de cebada, 11,6 de garrobas y 1,65 de garbanzos. Total = 3 276 + 200 +11 + 81 + 40 = 3.608 rs.
  - En diezmos menudos = 900 reales de vellón.
    El total de los diezmos suponen **4.508 rs.**
- La primicia: 10 fanegas de trigo, 5,50 de centeno, 0,66 de cebada, 2,90 de garrobas y como 0,40 de garbanzos. Total = 140 + 44 + 4 + 20 + 9 = 217 rs.
  Añadiéndole la correspondiente a la Fábrica de la Iglesia de Rollán y a su Sacristanía, tendríamos: 217 + 81 + 162 = **460 rs.**
- El voto del apóstol Santiago: unas 10 fanegas de trigo = **140 rs.**
- Diezmos de la quarta Casa: los tiene arrendados Manuel Rollán, vecino de Salamanca, en **210 rs.** vellón.

Así pues, todos los derechos anteriores totalizan = **5.318 reales anuales**[247].

Por otra parte, los impuestos de la Corona ascienden *"en conjunto a **2.442 rs.**, anuales, repartidos de la forma siguiente: 1.400 rs., de Sisas; 495 rs., de Alcabalas; 477 rs., de Cientos; 70 rs., de Servicios Ordinarios"*[248].

---

247 En la respuesta n.º 16 el importe total es de 4.813 rs., porque los peritos declararon menos diezmos de granos y primicia. Pero fue debido a que los peritos se refirieron sólo al año 1752. Y el importe de 5.318 rs., se refiere a la media del quinquenio 1748-1752.

248 GARCÍA-FIGUEROLA PANIAGUA, C.: *La apropiación del excedente como valor económico en el campo salmantino durante el siglo XVIII: Los Villares, Babilafuente, Rollán,* El pasado histórico de Castilla y León: I Congreso de Castilla y León, Vol. 2, 1983, p. 546.

Rollán a finales del siglo XVIII

Según Villar y Macías, al finalizar el siglo XVIII en el régimen jurídico y municipal de Salamanca existían varios tribunales, y uno de ellos era "el de la encomienda de la Magdalena, de la Orden de Alcántara, y lo componían: un juez (que era el prior de Rollán), un fiscal, un notario y un alguacil"[249].

Del último tercio del s. XVIII y, bajo la dirección del arquitecto municipal de Salamanca, D. Jerónimo García de Quiñones y Gavilán, en Rollán se realizaron dos obras importantes:

- La primera, impulsada por el prior frey Domingo de Granda Rivero (1774-1784), es el nuevo retablo de la iglesia parroquial de San Lorenzo.
- La segunda es la reedificación de la ermita de los Santos Mártires Fabián y Sebastián. Esta impulsada por el prior frey Francisco Valdivia y Donoso.

a/ Nuevo retablo de la iglesia parroquial

Desaparecen el retablo principal y los colaterales, de madera, y son sustituidos por el retablo actual de piedra simulando mármol, de estilo neoclásico. El nuevo retablo está enmarcado por dos grandes columnas de piedra con pintura verde, jaspeada; en su pedestal está representado el sol, tienen el fuste liso y el capitel corintio. En el centro del frontón partido se encuentra un gran escudo de la Orden de Alcántara y, rematándolo todo, la corona real (ver foto en página siguiente).

Parece también lógico que los dos altares colaterales de piedra actuales se hicieran entonces, cuando se suprimieron los dos retablos de madera.

Toda la obra corrió a cargo del arquitecto, D. Jerónimo García Quiñones y Gavilán, como se ha referido anteriormente. En efecto, en la visita del año 1796 se presentó Memorial por dicho maestro arquitecto, vecino de Salamanca, exponiendo "... siendo prior de esta villa el Dr. frey Dn. Domingo Granda Rivero se hizo en la iglesia de ella el retablo de piedra del altar mayor y otras varias obras"[250].

Del 31 de enero de 1805 hay una descripción del nuevo retablo mayor "... de piedra con su mesa a la romana, con filetes dorados, dedicado a San Lorenzo, que está en él, y

---

249 VILLAR Y MACÍAS, M.: *Historia de Salamanca*. T. VIII. Salamanca, 1887, p. 53.
250 AHN, OO. MM., Consejo de Órdenes, ff. 108-109.

las imágenes del Niño Dios, Ntra. Sra. de la Concepción y San Pedro, y en los colaterales: San Roque, San Bartolomé, San Blas y el Cristo de la Vera Cruz"[251].

Retablo neoclásico de la Iglesia (Foto: Roberto Martín)

---

251 AHDS, APR, *Libro de Fábrica de la Iglesia Parroquial de San Lorenzo de Rollán,* Sign. 322/18, f. 28.
Según he podido constatar, todavía bastantes personas mayores del pueblo recuerdan la costumbre de colocar imágenes sobre el altar mayor que se encuentra a los pies del retablo.

b/ Reforma de la ermita de los Santos Mártires San Fabián y San Sebastián

Esta ermita está situada a menos de 300 metros del casco urbano de Rollán, junto a la Calzada de los Mártires[252], que, en realidad, se trata de la Calzada de Salamanca a San Felices de los Gallegos, que el Padre Morán, a principios del siglo pasado, cambió de denominación y con ello hizo resaltar la importancia de esta ermita. Dicha Calzada era una de las rutas secundarias jacobeas que iniciaba en Portugal y desde la época medieval utilizaron losperegrinos para dirigirse a Santiago de Compostela.

Construida, con toda probabilidad, sobre las ruinas de otro edificio

> anterior, de origen medieval, que poseía mesón y hospedería, y fue remodelado en 1675 adquiriendo su planta actual, a excepción de una torre cuadrada desaparecida[253].

Hay una referencia a dicha ermita, que data del año 1739, cuando en una de las visitas que efectuaron los visitadores generales de la orden se hace un "Apeo General, deslinde, medida y amojonamiento de todas las propiedades contenidas en Rollán y su término". El texto concretamente, dice:

> A la Hermita (sic) de los Santos Mártires San Fabián y San Sebastián, sita en el término de dicha villa, a causa de ser de la obligación de dicho Sr. Comendador, el repararla, y no haberlo hecho, por lo que por el Sr. Visitador General de la Orden, se mandó aplicar los Mostrencos a dicha Hermita (sic), en cuya conformidad los había estado gozando de muchos años a esta parte[254].

En la actualidad, se encuentra cerrada al culto. Pero, hasta la década de los años sesenta del siglo pasado, en ella se daba culto durante varios días al año, muy especiales, prolongando una tradición que se remontaba a tiempos inmemoriales.

Descripción de la ermita[255]

- Se compone de una nave rectangular de 27 metros de largo por 9,5 metros de ancho, exteriores, y alrededor de 7 metros de altura libre interior.
- Formada por 4 cuerpos: el ábside o capilla mayor con su sacristía aneja, y tres cuerpos de nave. En el último de estos un coro elevado.
- Está datada en el año 1791, según inscripción del friso interior [256] que recorre los tres últimos cuerpos de la nave.
- La bóveda es de fábrica de medio cañón, decorada y apoyada sobre arcos de piedra franca, que reposan en 8 contrafuertes exteriores. Los 2 primeros arcos,

---

252 MORÁN, C.: *Reseña histórico-artística de la provincia de Salamanca*, Salamanca, 1946. "… la Calzada de los Mártires, así llamada por dejar a su vera, en Rollán, la ermita de los Mártires", p. 10.

253 GARCÍA GÓMEZ, R.: *Ob. cit.*, pp. 29-30.

254 AHN, OO.MM., Legajo 5252, Libro 1.º, hoja 4 y 4 bis.

255 En la descripción he seguido, especialmente, la que efectuó el arquitecto Germán Lafont, de la Consejería de Fomento de la Junta de Castilla y León, en el Informe sobre la reforma de la cubierta efectuado el 26 de abril de 1991.

256 La inscripción dice: *"Se hizo esta obra siendo prior Dn. Francisco Baldivia y Donoso, catedrático de la Universidad de Salamanca y vicario el Padre Predicador Fr. Juan* (parte ilegible) *alcaldes Sr.* (parte ilegible) *Rodríguez. Año 1791".*

del ábside o capilla mayor, son ojivales. Debajo de ellos, en los muros laterales, se sitúan dos ventanas rectangulares, una a cada lado. Culminan la cubierta con bóveda de terceletes en grupos de tres, partiendo de la base de los dos arcos, terminando en un rosetón de 8 óvalos redondos, en los cuales se adivina el escudo de la Orden de Alcántara, y en su centro otro óvalo mayor, con un escudo más visible (ver fotos en página siguiente).

- Los arcos de los otros tres cuerpos de la nave son de medio punto, y su bóveda correspondiente se encuentra decorada con distintos motivos, conjugando los colores: azul, amarillo y rojo.
- El piso es de baldosa cerámica, de 30 x 30 cm., de color rojo, y se encuentra muy deteriorada por la humedad que hay en el piso.
- La puerta de acceso se abre al norte, en el tercer cuerpo de la nave. Sobre ella, en el exterior, se encuentra esculpido con gran nitidez, bien conservado, un escudo de la Orden de Alcántara, descubierto a mediados del siglo xx, cuando se le quitó la capa de mortero de cal que cubría gran parte de los muros laterales.
- Existió otra puerta, en la actualidad tapiada (no totalmente, porque en ella se ha abierto una ventana pequeña) que se abría al oeste, en la base misma de la pequeña espadaña que coronaba una campana de bronce. Dicha campana, se encuentra colocada, desde hace unos años, en el Santuario o Capilla del Cristo del Amparo (vulgarmente, Cristo del Humilladero).
- Posteriormente, se añadió un coro alto o tribuna de madera. Por eso queda oculta parte de la inscripción del friso.
- Excepto por el norte, la iglesia se encuentra rodeada por una cerca de dos metros de altura, para dar alojamiento al cementerio.

En la construcción de la actual ermita de los Santos Mártires, datada en el año 1791, quedó un terreno que la circundaba. Nunca se cultivó porque siempre fue prado y, sin duda, se utilizó para las romerías y procesiones que se celebraban. Incluso, se sabe que antes de la construcción del frontón municipal actual, construido en el año 1905, el juego de la pelota a mano, tan arraigado en las costumbres del pueblo, se practicaba en el muro este de la ermita[257]. Por este motivo, el 18 de diciembre de 1876 hay una instancia sellada, escrita por el párroco Nicolás Hernández Pérez, contestando a la Circular n.º17 del *Boletín Eclesiástico de la Diócesis de Salamanca* referida a la costumbre de jugar a la pelota sobre las paredes de los templos y edificios religiosos de todo tipo. En ella dice:

> ... respecto de la Ermita de los Santos Mártires... les he exhortado a que llamen al hermitaño (sic)[258] siempre que quieran jugar allí... Hasta ahora no han dejado de ser atendidas estas exhortaciones, pero es de temer...[259].

---

257 Hasta hace pocos años, aún se conservaba sobre dicho muro la línea negra trazada, a menos de un metro del suelo, entre los dos contrafuertes que lo delimitan, con el objeto de señalar la 'baja' que se producía en el juego.

258 Respecto a la figura del ermitaño, que existió hasta el primer cuarto del siglo xx, los más mayores llegaron a conocer al último de ellos. Se llamaba Germán Magro; fué una persona que murió en 1927. Su trabajo consistía en cuidar de todo lo relacionado con la ermita y, después, también del cementerio. Era el jefe de los enterradores, de los que, hasta su desaparición, había cuatro nombrados y pagados por la Cofradía del Santísimo.

259 AHDS., *Expediente M-618 (13), 18 de diciembre de 1876.*

Bóveda de caños de la nave de la ermita. (Foto: Roberto Martín)

Bóveda de terceletes del ábside de la ermita. (Foto: Roberto Martín)

Antigua puerta, orientación Oeste. (Foto: Roberto Martín)

Al lado de la ermita, adosado a su muro norte, se construyó un depósito de cadáveres. El acuerdo de esta acción fue tomado en sesión municipal del 25 de septiembre de 1887, como consecuencia de una gran epidemia de viruela.

Dicho inmueble se suprimió en 1993, cuando se cambió toda la cubierta de la ermita, incluida también la sacristía. Estaba muy deteriorada, casi ruinosa. Además, había perdido el sentido de su uso.

Rollán durante el siglo XIX

Guerra de la Independencia y consecuencias

No parece haber duda alguna de que, en Rollán, los franceses dejaron constancia de su violencia y destrucción. Tal vez, porque, durante algún tiempo, estuvo residiendo en Rollán una fracción importante de la partida del famoso guerrillero salmantino Julián Sánchez García, *El Charro*.

Conocemos dos hechos en los que se constata esta afirmación:

El primero, ocurrió en 1810, en el término de Rollán, más concretamente, en el paraje de "La Madroña", donde se produjo una refriega con un destacamento de soldados franceses a los que derrotaron causándoles varias bajas.

A este respecto, de José Manuel Garrido González copio una cita, donde se describe que Rollán fue escenario de este 'encuentro' de la partida de Julián Sánchez, *El Charro*, con los franceses.

> … no estaban, sin embargo, ociosos los hombres de Don Julián, porque el día 1 de enero de 1810, tras de salir en rápida marcha del pueblo de Buenamadre, atacaron en *Rollán* a todo un destacamento de franceses de ciento cincuenta infantes que llegaban procedentes de Ledesma, a los que obligaron a replegarse hacia dicha villa, en cuyas inmediaciones les auxilió un 'trozo' de caballería y se trabó un duro combate al arma blanca en el que hubo varias bajas por ambas partes, e incluso resultó muerto el caballo del capitán don Julián Sánchez García[260].

El segundo, lo acredita el historiador salmantino Manuel Villar y Macías con la anécdota siguiente:

> El día 29 de junio de 1811, día de San Pedro, lo celebraban los salmantinos, según antigua costumbre, con campestres meriendas, y mucho más este año que varios lanceros habían dado palabra de venir a acompañarlos, y de paso a hacer algún prisionero, que no les pesara fuera de los cívicos, individuos de las contraguerrillas, a quienes tenían mortal odio; (…) Sabían todos los salmantinos su inmediata llegada (…) no llegó a oídos del enemigo, que también concurrió de fiesta al Zurguén en

---

260 BECERRA DE BECERRA, E.: *Hazañas de unos lanceros. Diario de Julián Sánchez 'El Charro'.* Diputación de Salamanca, 1999, p. 49.

número de trescientos franceses y veinte cívicos o cazadores de montaña; a unos dos mil entre hombres, mujeres y niños ascenderían los salmantinos. Cuando, a las seis y media de la tarde, se oyó mal reprimido y universal rumor de admiración entusiasta; habían, como por encanto, aparecido en el antiguo puentecillo del Zurguén cinco lanceros de Don Julián. Los cívicos y franceses que allí se hallaban, creyendo, sin duda, que era una avanzada de toda la partida, huyeron aceleradamente por las vecinas lomas (…) Pero entre aquellos alegres agasajos cayeron bajo su lanza dos franceses. Repartiendo abrazos a los amigos y cumpliendo su palabra, rápidamente partieron a *Rollán*, de donde habían venido. Eran estos valerosos españoles Andrés Sánchez, de Vilvís, Baltasar Sánchez, de Ruelos, Ángel Pérez, *de Rollán*, Baltasar Moñita, de Monterrubio de la Sierra y Don Ambrosio Gascón, de la Sierra de Francia, estudiante de la Universidad conocido por el "Gago". Trataron los franceses de tomar pronta represalia, pero desistieron de ello, por considerar que los agresores estarían ya lejos de su alcance, y sólo causarían inocentes víctimas entre el paisanaje[261].

Cuando en 1826 se efectuó la descripción y apeo de las propiedades del priorato los peritos nombrados aseguraron que la causa de las ruinas y deterioros, de la casa principal y de la del rentero, procedían:

> del tiempo de la Guerra de la Independencia, en que fue la primera arruinada con otras muchas de esta villa que fueron abandonadas de los moradores, y por no haber cercado sus ruinas después, los vecinos de esta villa han ido extrayendo los materiales que en aquellas ruinas encontraban para reparar sus casas de las averías que en aquella época habían sufrido[262].

Nuevo emplazamiento del cementerio

La primera ubicación del cementerio de Rollán, como en la gran mayoría de las poblaciones fue junto a la misma iglesia parroquial. Tal vez, para ser más exactos, debiéramos decir que formó parte de ella misma, pues los enterramientos se hacían, también, en las mismas iglesias. Todavía en muchas de ellas aparecen las losas sepulcrales con las inscripciones de las personas enterradas.

Según todos los indicios, el primer cementerio de Rollán ocupaba, además del interior de la iglesia[263], donde muy probablemente se enterrasen personas de una cierta categoría social, parte de la zona sur y oeste de la iglesia. De hecho, cuando en el siglo XVIII, hacia el año 1742, se amplía la iglesia con la capilla de San Antonio, aparecen restos de cadáveres en esa zona. Igualmente ocurrió, cuando en 1898 se alargó la iglesia por su parte oeste.

---

261 VILLAR Y MACÍAS, M.: *Historia de Salamanca.* Salamanca, 1887, T. IX, cap. III, pp. 37-38.

262 AHN, OO.MM., Consejo de Órdenes, Leg. 4536.

263 GARCÍA GÓMEZ, R.: *Ob. cit.*, p. 28. Según Memoria de Miguel de la Piedra, en 1784, hasta en la capilla mayor había que reponer baldosas o nuevas sepulturas.

La costumbre de enterrar a los muertos dentro de las iglesias (y a su lado), preocupaba por cuestión de higiene y salud pública. De modo que se comenzó a pensar en sacar los cementerios fuera de los núcleos de población.

Pero, es ya avanzado el siglo XVIII, cuando Carlos III, en línea con la nueva tendencia sobre este tema, emite una Real Cédula, de 3 de abril de 1787, proscribiendo esta práctica de enterrar a los muertos dentro de las iglesias. Después, en 1804, Carlos IV ordenó que se estableciesen cementerios fuera de los poblados, prohibiendo el enterramiento en iglesias y su entorno.

El traslado del cementerio de Rollán a un lugar alejado de la zona donde reside la población se produce años después. Probablemente, como consecuencia de la Real Orden, de 2 de junio de 1833, sobre la construcción de los cementerios. La ubicación definitiva en el lugar que se encuentra actualmente podemos datarla entre dicho año de 1833 y el año 1842. De este último año es el primer dato del que disponemos donde aparece reflejado el nuevo emplazamiento, como cumplimiento de la Real Orden de Fernando VII, ya al final de su reinado. En efecto, en la Sesión Municipal del 5 de marzo de 1842[264] ya se dice que es preciso "levantar una pared del cementerio que se encuentra arruinada"[265]. Pero con más seguridad se encontraría avalada por el *Diccionario Geográfico-Estadístico-Histórico de España y sus Posesiones de Ultramar*, de Pascual Madoz, publicado entre 1845 y 1850, donde se dice que Rollán "tiene un cementerio que en nada perjudica a la salud pública"[266]. Lógicamente, podemos deducir que, por esas fechas, ya está ubicado en la situación actual; es decir, fuera del núcleo de población. Adosado a la ermita de los Santos Mártires y ocupando la zona sur. De este modo, la zona sur del cementerio queda delimitada entre la ermita, en su límite norte, y al sur la Calzada de los Mártires (San Fabián y San Sebastián).

No se conservan las cruces o vestigios de los primeros decenios posteriores al cambio de ubicación. Los más antiguos que se poseen en el actual cementerio datan de 1880.

La propiedad primera del cementerio de Rollán, y del prado que rodeaba la ermita, igual que su administración, perteneció a la Orden de Alcántara, más concretamente, al priorato de Rollán. Después, hacia el año 1873, cuando desapareció el priorato, pasó a la Diócesis de Salamanca.

El terreno que ocupó, en principio, este cementerio, era bastante reducido, por lo que no tardó en tener que ampliarse.

La primera ampliación de la que tenemos constancia se indica en una sesión municipal de noviembre del año 1872, donde se dice:

(…) la necesidad en que se encuentra el pueblo de hacer varias obras, con preferencia la del cementerio, que además de hallarse ruinoso, es bastante reducido, necesitando ampliarle a la parte del mediodía, que es donde puede hacerse, haciendo

---

264 De este año constan las más antiguas y escasas Actas de Sesiones de la Corporación Municipal de Rollán.
265 Lo cierto es que puede albergar dudas de si se trata o no ya del nuevo cementerio.
266 Pascual Madoz: *Diccionario geográfico-estadístico-histórico de España y sus posesiones de Ultramar*. 16 vols. Madrid.

sus paredes de buena construcción, repeladas con cal; haciéndole también lomo de perro a cal y canto[267].

En la primera visita pastoral que efectúa el obispo de Salamanca, cuando ya se puede considerar que la parroquia de Rollán pertenece a la diócesis de Salamanca, y que se celebra el día 12 de mayo de 1877, uno de los mandatos derivados de tal visita, dice así:

> Interese a las autoridades para dar una pequeña ampliación al cementerio, que sirva para sepultura de párvulos no bautizados y de adultos disidentes procurando que el trecho añadido quede separado de aquel por una pared de corta elevación y con puerta independiente[268].

La ampliación se efectuó contra la parte este de la sacristía y norte de la ermita. Posteriormente, se amplió por la parte este y dejaría de utilizarse, como frontón, ese muro de la ermita.

Las desamortizaciones

Las desamortizaciones pueden considerarse como uno de los hitos históricos más importantes de España por sus consecuencias económicas, porque se produce la concentración de grandes cantidades de tierra en un reducido grupo de personas.

La preocupación por este tema venía del siglo anterior, pues ya el conde de Floridablanca, ministro de Carlos III, "se quejaba de los perjuicios que provocaba la propiedad de la tierra de la iglesia"[269].

Las desamortizaciones no se plantearon como un modo de distribuir un poco más la riqueza, y que los campesinos accediesen a la propiedad de la tierra, como pretendieron los reformistas del siglo XVIII. No, no se perseguía fin social alguno, sino que, con las desamortizaciones se pretendía conseguir fondos para la Hacienda Pública y ayudar a sufragar los gastos de la guerra carlista. Quizás, en tercer lugar, se pretendiera también crear una burguesía y clase media de labradores propietarios.

El procedimiento consistió en poner en el mercado, previa expropiación forzosa y mediante *subasta pública*, las tierras y bienes no productivos en poder de las llamadas 'manos muertas', que tanto la Iglesia como los municipios los habían acumulado como habituales beneficiarios de donaciones, testamentos y abintestatos.

La metodología utilizada consistió en dividir todas las tierras o fincas en unidades y a cada unidad se le asignó un precio-base por lo bajo, y con este precio salían a subasta.

---

267 AMR, *Ob., cit.,* Acta sesión de 9-11-1872.

268 AHDS, APR, *Libro de Régimen de la Parroquia de Rollán*, Sign. 322. Visita Pastoral del 12-5-1877, mandato n.º 4.

269 TOMÁS Y VALIENTE, F.: *El marco político de la desamortización en España*, Ed. Ariel. Barcelona, 1972, p. 15.

Desamortizaciones hubo varias, pero las dos más importantes fueron:

– *La eclesiástica o de Mendizábal*: abarcó desde 1836 hasta 1845 (sobre todo los años 1836 y 1837). En este periodo se nacionalizaron y vendieron los bienes de la iglesia católica, de las órdenes religiosas y de algunos territorios nobiliarios.

– *La general o de Madoz*: desde 1855 hasta 1900 o, tal vez, sería más correcto decir que también abarcó hasta el primer cuarto del siglo xx. En esta ocasión se nacionalizaron y vendieron los bienes municipales (comunales y propios), del Estado, de las Órdenes Militares y los vinculados a obras de beneficencia.

Las leyes desamortizadoras de Mendizábal y Madoz no afectaron a la iglesia como edificio ni a la ermita, pero sí a los bienes que ambas tenían en el término municipal de Rollán.

1   Desamortización de Mendizábal

Se publicaron varios decretos tendentes a la confiscación de los bienes de la Inquisición, de los Jesuitas, de Órdenes Militares pequeñas, de los conventos y religiosos en general.

Los terrenos desamortizados por el gobierno fueron exclusivamente eclesiásticos, principalmente aquellos que habían caído en desuso. Durante este período no me consta subasta alguna de bienes pertenecientes al término de Rollán; tal vez fuera porque no pertenecía a una de las Órdenes Militares pequeña o porque no eran de las tierras caídas en desuso.

Los lotes o unidades que se hicieron en esta desamortización no fueron tan grandes como en la de Madoz. Pero los pequeños labradores, que generalmente eran quienes las habían estado cultivando, no pudieron entrar en las pujas; no solo por su escaso poder económico, también influyó en ellos que la Iglesia tomó la decisión de excomulgar tanto a los expropiadores como a los compradores de las tierras. Por eso, estas fueron compradas por nobles y burgueses adinerados, aunque —en principio— fueron también remisos ante la actitud de la Iglesia, de forma que no pudo crearse una verdadera burguesía o clase media en España.

Consecuencias de la desamortización de Mendizábal fueron la privatización de la propiedad de la tierra y la generación de riqueza para el Estado, la burguesía y la nobleza.

2   Desamortización de Madoz

La *Ley General de Desamortización*, del 1 de mayo de 1855 (Ley Madoz), declaraba en estado de venta todos los bienes pertenecientes, entre otros, al Estado, al clero, a las Órdenes Militares más importantes, a cofradías, a beneficencia, a los bienes de propios y comunales… y también con esta ley se enajenan los bienes y propiedades pertenecientes al "secuestro del *ex-infante* don Carlos"[270]. Habían sido cedidos por su padre, Carlos IV,

---

270 Se trata de las propiedades confiscadas tras la guerra Carlista al hijo de Carlos IV, Carlos María Isidro de Borbón, primer pretendiente carlista al trono de España, con el nombre de Carlos V.

en 1802, y confiscados tras la guerra carlista. Propiedades y bienes que fueron desamortizados y vendidos a partir de febrero de 1856[271].

No hay duda de que la desamortización de Madoz tuvo más importancia que la efectuada por Mendizábal, pues favoreció una mayor *"concentración de la propiedad de la tierra y la creación de nuevos latifundios"*[272].

La ley fijaba las condiciones de pago de los Bienes:[273]

- Se permite pagarlos con dinero líquido o con títulos de deuda pública, para beneficiar a los poseedores de dichos títulos.
- Los compradores han de pagar de entrada el 20 o 30 % del precio total.
- Quienes paguen en dinero tienen 16 anualidades con un interés del 5 %.
- Quienes paguen en deuda pública tienen 8 anualidades y un interés del 10 %.

Compradores de esta desamortización fueron: la nobleza, que apenas compró en la de Mendizábal, y grupos sociales privilegiados, también remisos a la compra anterior.

Según Vicens Vives:

> La desamortización no cubrió los objetivos principales que se propuso: dar tierra a los labradores pobres en régimen de utilidad municipal colectiva o de aprovechamiento particular indefinido[274].

De lo que no cabe duda es del...

> beneficio que reportó la operación a las clases pudientes, sobre todo aristócratas y capitalistas[275].

En definitiva, la desamortización contribuyó a concentrar la propiedad en manos de los grandes propietarios (latifundismo). Facilitó la creación de muchas grandes fincas particulares.

La operación, aunque consiguió (entre otros avances) una ampliación de la superficie cultivada y la modernización y aumento de la productividad, no benefició a los labradores ni consiguió que el campesino llegase a ser propietario, que era lo pretendido por los reformistas de mediados del siglo XVIII, desde que habían empezado a gestarse estas importantes medidas económicas, con el fin de beneficiar más a las clases desfavorecidas. También perjudicó a los vecinos más pobres que se vieron privados del aprovechamiento libre de las tierras comunales.

---

271 GARCÍA GÓMEZ, R.: *Ob. cit.*; pp. 31-32.

272 TOMÁS Y VALIENTE, F.: *El proceso de desamortización de la tierra en España*. En pdf., p. 30.

273 Según Ley de 11 de julio de 1856, p. 117.

274 *Historia de España y América. Social y económica*, T. V, dirigida por J. Vicens Vives. Ed. Vicens Vives, p. 81.

275 *Ibidem*, p. 82.

Venta de bienes desamortizados

Entre las condiciones para adquirir las fincas subastadas estaba la del pago en *19 años y veinte plazos iguales, abonándose el 3 % anual a los compradores que anticipasen uno o más plazos, según lo dispuesto en el art. 19 de la Ley de 5 de julio de 1856, aclaratoria a la de Desamortización de 1.º de mayo de 1855.*

Otra condición era no admitir postura que no cubriese el tipo señalado para la subasta.

A continuación, detallo algunas de las ventas de bienes que, pertenecientes al término municipal de Rollán, se produjeron a partir del año 1856:

1   *Número 789 del inventario*[276]

Varias fincas rústicas que pertenecieron a la **Fábrica de la Iglesia de la Trinidad en el Arrabal del Puente de Salamanca** (Clero Secular). Se trata de varias tierras de labor, cortinas y prados, arrendados a Gerónimo Gil por 23 fanegas de trigo anuales, y cuyo arriendo vence el 15 de agosto de 1856. Para su venta los peritos las dividieron en 4 porciones:

— La 1.ª porción: consta de 26 tierras y un prado. Se trata de 2 fanegas[277], 4 celemines y 10 estadales de 1.ª calidad[278]; 4 fanegas, 1 celemín y 5 estadales, de 2.ª calidad y 10 fanegas, 5 celemines, 3 cuartillos y 10 estadales de 3.ª. En total, incluyendo el prado, son 10 hectáreas, 92 áreas y 40 centiáreas, que se sacaron a subasta en 8.842 rs 50 cént. Tasada en 7.860 rs. en venta, y en 393 rs. en renta anual. Fue adjudicada esta porción en **24.000 rs.**

— La 2.ª porción: consta de 28 tierras y un prado. Con 2 fanegas, 6 celemines, 3 cuartillos y 6 estadales de 1.ª calidad; 10 fanegas, 11 celemines y 2 cuartillos, de 2.ª, y 3 fanegas, 8 celemines, 3 cuartillos y 1 estadal, de 3.ª. En total, incluyendo el prado, son 11 hectáreas, 11 áreas y 8 centiáreas. Se sacaron a subasta por 8.862 rs 50 cént. Tasada en 7.700 rs. en venta y en 385 rs, en renta anual. Fue adjudicada en **23.001 rs.**

— La 3.ª porción: consta de 29 tierras, 1 cortina y un prado. Con 1 fanega, 8 celemines, 1 cuartillo y 8 estadales de 1.ª calidad; 11 fanegas, 1 celemín, 1 cuartillo y 8 estadales, de 2.ª; y 4 fanegas, 2 celemines, 2 cuartillos y 4 estadales de 3.ª. En total, incluyendo la cortina y el prado, 10 hectáreas, 96 áreas y 64 centiáreas. Tasada en 7.600 rs. en venta y en 380 rs en renta. Sacándose a subasta en 8.550 rs., y adjudicándose en **20.200 rs.**

— La 4.ª porción: consta de 28 tierras y un prado. Con 1 fanega, 7 celemines y 4 estadales de 1.ª calidad; 10 fanegas, 8 celemines, 1 cuartillo y 7 estadales de 2.ª; y 2 fanegas, 1 celemín, 3 cuartillos y 3 estadales de 3ª. En total, incluido el

---

276   AHP, *Boletín Oficial de Venta de Bienes Nacionales de la Provincia*. N.º 44. Salamanca, 13 de agosto de 1856, p. 2. Este es el día en que se anuncia el remate de la subasta, que se celebraría el día 22 de septiembre siguiente. Las cantidades adjudicadas están escritas a mano. El resto a imprenta.

277   Se consideraba la fanega de marco real, de 6 440 m². Actualmente, la superficie de una fanega es inferior.

278   Los peritos valoraban el terreno en tres calidades. Lo mismo que se hacía en los apeos y en la operación del Catastro de Ensenada.

prado, 8 hectáreas, 30 áreas y 14 centiáreas. Tasada en 6.780 rs. en venta y en 339 rs. en renta. Se sacó a subasta esta porción en 7.627 rs. 50 cént. y adjudicándose en **17.505 rs**.

2 *Número 1684 del inventario* [279]

Aproximadamente, 1500 encinas procedentes del ***Común de Vecinos de Rollán*** (Bienes de Corporaciones Civiles), radicadas en su término municipal, en terrenos de particulares. No consta su arriendo y sí que sus productos se disfrutan en común por los ganados de los vecinos. Tasadas en 6.000 rs. en venta, y 300 rs. en renta. Capitalizadas en 6.750 rs., por lo que saldrán a subasta.

Son adjudicadas a "D. José Trilla, vecino de Ledesma, en **15.115 reales vn**

3 *Número 2113 del inventario*[280]

Una alameda procedente del ***Común de Vecinos de Rollán*** (Bienes de Corporaciones Civiles), cercada de pared de piedra y poblada de olmos pequeños. Tiene una cabida de 180 estadales (19 áreas y 70 centiáreas) de 2.ª calidad. Ubicada junto al regato de La Reguera, lindando al norte con calle pública. Tasada en 1.000 reales, en venta y 40 rs., en renta. Capitalizada en 1.000 rs. por los que saldrá a subasta.

Es adjudicada a D. Manuel Berrocal, vecino del mismo Rollán, en **2.000 reales vn**.

Para la adquisición de estos bienes procedentes de "Corporaciones Civiles", una de las condiciones es que el precio se pagará en 10 plazos iguales; el primero a los 15 días siguientes al de notificarse la adjudicación, y los restantes con el intervalo de un año, para que en nueve quede cubierto su valor, según se previene en la Ley de 11 de julio de 1856.

4 *Número 22 del inventario* [281]

Una yugada de labor procedente del ***secuestro del ex-infante don Carlos***, radicada en el término municipal de Rollán. Compuesta de 58 tierras y 3 cercados; con una cabida de 1818 estadales de 1.ª calidad, 20815 de 2.ª y 12465 de 3.ª. En total, 87 huebras y 298 estadales; o sea, 60 fanegas y 538 estadales, equivalentes también a 39 hectáreas, 19 áreas y 91 centiáreas.

Además, un cercado y una casa *situada a mano derecha de la calle que baja de la iglesia para el pozo grande (…) por delante de la fachada principal, y ocupando todo el frontis de esquina a esquina, tiene el solar de un corral del que aún se conocen los cimientos de las paredes.*

La yugada está arrendada a José Manuel Benito y Compañeros, hasta el 15 de agosto próximo, en la cantidad de 1.470 rs. anuales. La yugada está capitalizada en 48.000 reales, que servirán de tipo para la subasta.

Se adjudicaron el 20 de septiembre de 1860 a D. Roque Rodríguez, vecino de Salamanca, en **111.010 reales vn**[282].

279 AHP, *Idem.* N.º 35; 18 nov. 1859. Para rematar el día 30 de diciembre siguiente.
280 AHP, *Idem.* N.º 35; 18 nov. 1859. Para rematar el día 30 de diciembre siguiente.
281 AHP, *Idem.* N.º 25 de 25 mayo 1860. Para rematar el día 9 de julio siguiente.
282 AHP, *Idem.* N.º 48, de 5 noviembre de 1860. Corresponde al inventario n.º 22, anunciado en el n.º 25 del Boletín Oficial de Ventas de Bienes Nacionales, de fecha 25 de mayo de 1860.

5   *Número 788 del inventario* [283]

Una yugada de labor y la mitad de un prado proindiviso (este de 11 a. y 40 ca.) procedentes del **priorato de Rollán**. *Está arrendada esta yugada, en unión con otras de la misma procedencia, que radican en dicho término, hasta el 15 de agosto de 1868 (…) a Juan Manuel Berrocal, en la cantidad de 250,800 escudos anuales, y además las contribuciones"*[284] Tasada en 2.403,520 escudos, en venta, o sea 24.035,20 reales, por los que sale a subasta. Fue adjudicada el 16 de mayo de 1866, en **6.000 escudos**.

Otra yugada, con la otra mitad del prado (con igual superficie) anunciadas en el mismo Boletín de Ventas n.º4, con el mismo rentero anterior. Retasada en 1.690,690 escudos, en venta, por los que sale a subasta, y en renta por 68,200 escudos anuales. Fue adjudicada, también el 16 de mayo de 1866, en **3.520,100 escudos**.

6   *También del número 788 del inventario*[285]

Una yugada de labor procedente del **priorato de Rollán**. También arrendada a Juan Manuel Berrocal en 250,800 esc. anuales. Retasada en 3.280,300 escudos, en venta, por los que sale a subasta, y en 124,800 escudos en renta. Adjudicada el 16 de octubre de 1866, en **4.600 escudos**.

Otra yugada de labor también procedente del **priorato de Rollán**, con el mismo arrendador y misma renta anual. Retasada en 2.915 escudos, en venta, por los que sale a subasta, y en 113,300 escudos en renta. Adjudicada el mismo día que la anterior, en **4.100,400 escudos**.

En la página 25 del mismo Boletín de Ventas (n.º 43) se anuncian 2 tierras de labor, procedentes también del **priorato de Rollán** y pertenecientes, también, al n.º788 del Inventario. Una, de 17 a. y 10 ca. de 3.ª calidad; y otra, de 30 a. y 18 ca., de 2ª y 3ª calidad. No consta su arriendo. Tasadas en 59,800 escudos, en venta, por los que sale a subasta, y en 2,200 escudos en renta. Adjudicadas el 16 de octubre de 1866, en **1.050 reales**.

7   *Número 665 del inventario*[286]

Una casa procedente de la **Fábrica de la Iglesia de Rollán** (Clero Secular), situada en su casco urbano con el n.º 22 de la calle Concejo, de 142 m² de superficie, y en estado ruinoso. Está arrendada a Ángel Valiente y Compañeros, en unión con otras varias fincas urbanas y rústicas de la misma procedencia. Tasada en 200,500 escudos en venta y 8 escudos en renta. Adjudicada el 16 de octubre de 1866 en **313 reales**.

8   *Número 666 del inventario* [287]

Una panera procedente de la **Fábrica de la Iglesia de Rollán** (Clero Secular), situada en su casco urbano (en la plazuela de la iglesia) de 87 m² de superficie, y en estado ruinoso. Está arrendada a Ángel Valiente y Compañeros, en unión con otras varias fincas

---

283 AHP, *Idem*. N.º 4, de 8 de febrero de 1866, pp. 1-5. Para rematar el día 22 de marzo siguiente.
284 AHP, *Idem*. N.º 4, de 8 de febrero de 1866, p. 3.
285 AHP, *Idem*. N.º 43, de 18 de julio de 1866, pp. 12-17. Para rematar el día 30 de agosto siguiente.
286 AHP, *Idem*. N.º 43, de 18 de julio de 1866, p. 25. Para rematar el día 30 de agosto siguiente.
287 AHP, *Idem*. N.º 43, de 18 de julio de 1866, p. 26. Para rematar el día 30 de agosto siguiente.

urbanas y rústicas de la misma procedencia. Tasada en 100 escudos, en venta y 4 escudos en renta. Adjudicada el 16 de octubre de 1866 en **311 reales**.

9   *Número 667 del inventario*[288]

Un solar procedente de la ***Fábrica de la Iglesia de Rollán*** (Clero Secular), situada en su casco urbano (en la plazuela de las Cortinas) de 128,52 m^2 de superficie, con paredes arruinadas. Está arrendada a Ángel Valiente y Compañeros, en unión con otras varias fincas urbanas y rústicas de la misma procedencia. Tasada en 15 escudos, en venta y 0,200 escudos en renta. Tipo de subasta, 15 escudos. Adjudicado el 16 de octubre de 1866 en **19 escudos.**

10   De nuevo, el *Número 787 del inventario*[289]

Son 4 yugadas de labor procedentes de la ***Fábrica de la Iglesia de Rollán*** (Clero Secular), radicadas en este pueblo y arrendadas (las yugadas y más fincas de la misma procedencia) a Ángel Valiente y Compañeros. Se dividieron en 4 porciones, en este Boletín de Ventas, pero no consta el importe tipo con el que salen a subasta.

- La 1.ª yugada, más una cortina cercada de piedra, junto al pueblo y al lado de la huerta. Esta, de cabida 21 áreas y 60 centiáreas, de 2.ª calidad. Fue adjudicada esta porción en **61.000 reales.**
- La 2.ª yugada, más otro pedazo de terreno que fue cortina; en el centro del pueblo, con 2 áreas y 50 centiáreas, de 3.ª calidad. Adjudicada en **43.513 reales.**
- La 3.ª yugada, más otro pedazo de terreno que también fue cortina, situado en el casco del pueblo, con la misma superficie y calidad que el anterior. Fue adjudicada en **38.010 reales.**
- La 4.ª yugada, más otro pedazo de terreno inculto, a las Eras Chicas: con 12 áreas y 6 centiáreas, de 3ª calidad. Fue adjudicada en **45.050 reales.**

Las 4 yugadas, y más fincas de la misma procedencia, estaban arrendadas a Ángel Valiente y Compañeros. Todas fueron adjudicadas el mismo día, 30 de noviembre de 1866.

11   *También del número 788 del inventario*[290]

Una yugada de labor procedente del ***priorato de Rollán***. También arrendada a Juan Manuel Berrocal. Retasada en 3.280,300 escudos, por los que sale a subasta. Adjudicada el 30 de noviembre de 1866 en **3.802 escudos.**

---

288 AHP, *Idem*. N.º 43, de 18 de julio de 1866, p. 26. Para rematar el día 30 de agosto siguiente.

289 AHP, *Idem*. N.º 56; Salamanca, 11 de septiembre de 1866, pp. 2-9. Se remataría el día 22 de octubre siguiente.

290 AHP, *Idem*. N.º 61, del 24 de septiembre de 1866; pp. 1-3. Para rematar el día 26 de octubre siguiente.

Resumen Venta de Bienes Desamortizados

N° de Inventario	Denominación del Bien	Procedencia	Adjudicación	
			Fecha	Importe
789	Varias fincas rústicas 1ª porción	Fábrica de la Iglesia de la Trinidad (clero secular)	22-09-1856	24.000,00 rs.
"	2ª porción, 28 tierras y 1 prado	"	"	23.001,00 rs.
"	3ª " , 29 " , cortina y prado	"	"	20.200,00 rs.
"	4ª porción, 28 tierras y 1 prado	"	"	17.505,00 rs.
1.684	1.500 encinas	Común de Vecinos de Rollán (Corporac. civiles)	30-12-1859	15.115,00 rs.
2.113	Una alameda cercada de piedra	"	30-12-1859	2.000,00 rs.
22	1 yugada de labor: 58 tierras, 3 cercados, otro cercado y casa.	Secuestro del ex_Infante D. Carlos.	09-07-1860	111.000,00 rs.
788	1 yugada labor y mitad de 1 prado.	Priorato de Rollán.	16-05-1866	6.000,000 esc.
"	Otra " " "	"	16-05-1866	3.520,100 esc.
"	Otra " " "	"	16-10-1866	4.600,000 esc.
"	Otra " " "	"	"	4.100,400 esc.
"	2 tierras de labor	"	"	1.050,00 rs.
665	1 casa	Fábrica de la iglesia de Rollán	"	313,00 rs.
666	1 panera	"	"	311,00 rs.
667	1 solar	"	"	19,00 esc.
787	1ª porc.: 1 yugada + cortina de piedra	Fábrica de la iglesia de Rollán	22-10-1866	61.000,00 rs.
"	2ª " : yugda + terreno antes cortina	"	"	43.513,00 rs.
"	3ª " : yugda + terreno antes cortina	"	"	38.010,00 rs.
"	4ª " : yugdaa + terreno inculto	"	"	45.050,00 rs.
788	1 yugada	Priorato de Rollán	30-11-1866	3.802,000 rs.
2.547	1.713 encinas	Propios de Rollán (Corporaciones civiles)	29-08-1890	1.713,00 pts. (*)
1.685	20 prados + 2 terrenos con encinas	Propios y Comunes de Rollán (" ")	18-01-1893	50.050,00 pts. (*)

(*) No he visto adjudicación. El importe reflejado es el de la tasación con el que salía a subasta.

Libros de Actas del Ayuntamiento[291]

Comienzan a registrarse las actas de sesiones del Ayuntamiento de Rollán desde el inicio del año 1842, celebrándose las sesiones ordinarias todas las semanas, concretamente, los domingos después de la misa[292]. Están recogidas en el *Legajo n.º 3*, conteniendo varios libros. Los datos que siguen reflejan los acuerdos logrados en las sesiones de las fechas que se indican.

Intentaré constatar solo los temas y problemas que más preocupaban a los vecinos de Rollán en el período comprendido desde enero de 1842[293] hasta finales del año 1874, cuando —a nivel nacional— el Pronunciamiento del General Martínez Campos termina con la Primera República, dando paso a la Restauración de la monarquía borbónica, con el rey Alfonso XII. Solo un año antes se dio por finalizado el priorato de Rollán.

Dichos problemas o temas eran los siguientes:

a/ *Seguridad y Orden Público*

Se tiene constancia de la preocupación por este problema ya desde las primeras actas de sesiones que existen en el Ayuntamiento. En efecto, el 5 de febrero de 1842 se acuerda que:

> los regidores vigilasen, por noches alternativas, los sembrados, campos, montes y demás, para que se guarde el mejor orden y seguridad pública de los habitantes que transiten por ellos, valiéndose de vecinos jóvenes, de buen proceder, para que les acompañen en sus patrullas.

Al año siguiente, en sesión de finales de enero, se acuerda que salgan "rondas todas las noches, debiendo ser nombradas vecinalmente", según Circular n.º 27 del Boletín Oficial de la Provincia de Salamanca, n.º 9, de 21-1-1843. Y, en junio de este mismo año, se celebra una sesión extraordinaria en la que se acuerda "colaborar a la conservación del buen orden público entre los habitantes de la villa y pueblos agregados" (18-6-1843).

Después, hasta el 11 de enero del año 1873[294] no aparece este problema del orden público, cuando acuerdan la conveniencia de poner una patrulla formada por cuatro hombres "para vigilar de noche la población", comenzando el día 14 de dicho mes. Se le fija horario: "de 10 de la noche a 4 de la mañana" y sueldo: "3 reales por noche a cada uno". Durante esta década de 1870, ya aparece en el Ayuntamiento que una de las comisiones permanentes es la de Policía Urbana y Rural; con ello se resalta la importancia que se le da a estas cuestiones en el municipio

No mucho tiempo después, la función de preservar y guardar el orden público en Rollán se encomendaría a la Guardia Civil. Desconozco el momento concreto en que

---

291 Se trata de referir algunos de los acuerdos tomados en sesiones del Ayuntamiento. Los datos de algunos años fueron recogidos por Mateo Rodríguez quien, amablemente, me los facilitó.

292 A partir de mayo del año 1845, las sesiones dejaron de ser semanales; aunque siguieron celebrándose los domingos, después de misa.

293 En España se vive, entonces, la minoría de edad de Isabel II, con la Regencia del General Espartero.

294 Es un mes antes de la Proclamación, por las Cortes, de la Primera República Española.

esta fuerza se estableció en Rollán. Se sabe que sí está ya en **abril de 1875**, a las órdenes de un Cabo 1.º.

b/ *Repoblación de árboles y monte*

El día 8 de enero de 1842 se acuerda "…hacer reconocimiento y averiguación de los sitios útiles y concejiles para la repoblación de árboles y montes".

26 de marzo de 1842: "… hacer 200 hoyos para plantar árboles en diciembre, a la salida del camino de La Madroña y calle de la Huerta".

15-9-1842: "… Hacer corta de los pies pasmados y secos, que se hallaban en las tierras labrantías, mediante la costumbre que hay de dar al Procurador Síndico un carro de maderas para que asista a los pobres que lo necesitan. Y al alguacil otro, como es de costumbre darle por su trabajo de dar los avisos a quien se le manda.

Y también al Fiel de Hechos otro carro que se le tiene ofrecido por su salario, siempre que los haya secos. Y los restantes pies pasmados que resulten se vendan y sorteen entre todos los de Ayuntamiento, como es de costumbre, pagando por cada porción de carro y medio 20 reales… según las ordenanzas expedidas para la conservación y repoblación de montes y plantíos".

4-1-1843: "Nuevo plantío al concejil de Valderromán, mandando cercarle de piedra".

5-10-1845: "Disponer lo que se había de hacer de la bellota… acordaron echar una vara de 30 cebones, que es poco más o menos lo que puede dar de sí la bellota que hay en el monte".

24-1-1863: "Nombrar la comisión que ha de presenciar y vigilar las operaciones de la corta de 1.000 encinas en el monte comunal de esta villa", según decreto del gobernador de la provincia, de fecha 12 de diciembre pasado. Eligieron a dos personas: Sebastián Campos y José Manuel Martín.

26-9-1868: (importante año) "… de bellota en el monte, por lo que determinaron para custodiar ésta, poner un guarda y que se forme expediente para su aprovechamiento, y al efecto de nombrar peritos para la tasación de dicho fruto, remitiendo el expediente, por el conducto del Sr. Gobernador de la provincia, al Sr. Ingeniero Jefe de Montes".

21-11-1868: "…sobre el pago del aprovechamiento de la bellota del monte comunal… dijeron que a los cerdos que han disfrutado de dicha bellota se les cargue 2.000 (¿reales?) del tajo de bellota, más los gastos que hayan tenido. El Gobierno Civil autorizaría a cobrar 2 escudos por cada cabeza de ganado".

24-7-1869: "…el coste que el año pasado habían tenido a sus expensas los dueños del ganado de cerda, como son vareadores y sus auxiliares, ha podido ascender a 9 reales por cabeza quedando 11 reales por cada una de las mismas que serán pagados por los dueños de referido ganado, cobrado por el Ayuntamiento y que de esta cantidad abone el Ayuntamiento los gastos de los guardas de bellota y derechos de expedientes con el papel correspondiente, ingresando el líquido que resulte en arcas municipales".

c/ *Disfrute de los pastos comunes*

6-4-1861: "Que la ganadería del pueblo entre al disfrute de los pastos comunes el próximo día 15 de este mes".

11-1-1868: Sobre los pastos comunes del monte se tomaron los acuerdos:

1º- *Que, al sitio de las Moreras, caminos de Porqueriza, Pozos y Garcigrande hay un monte de encina, de extensión 128 hectáreas, aproximadamente.*

2º- *Que está exceptuado de la venta, en concepto de dehesa boyal, aunque su arbolado es de encina.*

13-2-1869: Se toman los *mismos acuerdos*, sobre los *pastos comunes del monte*, que el 11-1-1868.

6-8-1870: Para satisfacer el presupuesto de gastos de ese año económico (2.728 escudos) "... en parte, se arbitre sobre los **pastos comunes**, cargando a la Hacienda que los disfrute de esta forma: a cada cabeza de ganado vacuno = 7 ptas., y 50 ctmos.; 8 ptas., las caballerías mayores; 4 ptas., las menores; ovejas y cerdos a 1 pta y 25 ctmos".[295]

d/ *El pósito*

La RAE lo define como: institución de carácter municipal destinada a almacenar granos, principalmente de trigo, para prestarlos a los agricultores, durante los meses de escasez. Se prestaban con condiciones módicas.

La primera reglamentación oficial de este tipo de establecimientos se consigue con la Real Pragmática de 15 de mayo de 1584, proclamada por el rey Felipe II, donde se dan las *Reglas para la conservación, aumento y distribución de pósitos de los pueblos*[296].

Según Antonio de los reyes:

> nacieron para regular el abastecimiento de pan a las poblaciones y a la vez —bajo el control de los concejos— ayudar a los labradores a sobrevivir a través de préstamos en granos para la siembra y en dineros"[297].

La supervisión de todos los pósitos en España se reguló por un Real Decreto de 16-III-1751. En ese año se exigía a Rollán, establecido por la Superintendencia General del Ramo, un pósito con 717 fan. de trigo y 18 rs. de vellón[298].

Parece ser que, en Rollán, como en otros municipios, los destinatarios del pósito no son los pobres de solemnidad ni los jornaleros necesitados, sino solo en momentos muy especiales, como ocurrió a final de junio del año 1853, cuando "provisionalmente se acordó echar mano de la posesión llamada panera del pósito"[299]. En este caso fue la respuesta a un llamamiento a la caridad cristiana en favor de los enfermos y desvalidos.

Pero la finalidad y el objetivo principal por el que se crearon los pósitos era la ayuda a los labradores más necesitados. Así ocurrió en Rollán, cuando el 4 de octubre de 1862 se decide proceder al repartimiento, de más de 41 fanegas que entonces había en el pósito, entre los labradores y aparceros más necesitados. Por supuesto que, después, la devolución de estos préstamos no les resultaba nada fácil de reintegrar, y pasaban a formar parte en las listas de deudores del pósito.

---

295 Es curioso, se aprueba el presupuesto en escudos y luego se satisface en pesetas. Desde el 19 de octubre de 1868 la peseta fue la unidad monetaria en España.

296 DE LOS REYES GARCÍA, A.: *El Pósito*, en Murgetana n.º 128, 2013, pp. 43-46.

297 *Ibidem*, p. 17.

298 AHN, Leg. N.º 11.513.

299 AMR, Acta de la sesión 30-6-1853.

Cuando más se solicitaban los fondos del pósito era en la época de sementera. Y era la Comisión Permanente de Pósitos quien autorizaba la disposición de dichos fondos.

e/ *Otros acuerdos interesantes o curiosos*

En este apartado me limitaré, sobre todo, a reproducir párrafos que constan en los *Libros de Actas de Sesiones del Ayuntamiento.*

30-4-1842: Parece que se había recibido "Circular del Ministerio de Hacienda Militar n.º296, en la que se previene el modo y forma de dar los suministros a las tropas cuando pasan por la villa"[300]. El que mande la tropa debe decir para qué días son las raciones.

7-5-1842: "...Se da lectura de la Circular de la Intendencia n.º328, en la que se previene a los Ayuntamientos no paguen, por ahora, a los señores Párrocos, más cantidad de 3.300 reales anuales, y que se les tome juramento de las cantidades que percibían anteriormente por Diezmos y demás".

11-6-1842: "... don Domingo Cuadrado, maestro de primeras letras, se dejará exento de toda clase de contribuciones, porque su dotación no asciende a más que 800 rs".

31-12-1842: Acordó la Corporación "nombrar mayordomos para el año 1843: de la iglesia, Niños Expósitos, casa Santa, rescate de cautivos, y recepción de Bulas".

El 22 de febrero de 1854. "... Celebrar en esta villa, un mercado semanal para la venta de grano y ganado". Se celebraría los sábados. En sesión del 18 de marzo, se acuerda que el primer día de mercado sea el sábado 22 de abril, próximo.

30-7-1854: "... Sea arrendada inmediatamente la casa de Concejo donde se vende el ramo de vino. Remató José Hernández Martín en 301 rs., por el resto del año".

6-7-1864: "... oficio del Gobierno de la provincia, del 29 de marzo y 27 de mayo de este año, en los que se manda cubrir por este municipio y se proponga los recursos con que cuente para cubrir la cantidad de 33.263 reales, importe del presupuesto para la construcción de un nuevo local para Escuela de Niños de esta villa, en la casa Cilla que pertenece al Estado"[301].

9-7-1864: "... dijeron que siendo de absoluta necesidad la construcción de un nuevo local para la escuela de niños de esta villa y no hallando este municipio más recursos que los 2.700 reales 98 cents. (...) reclaman subvención al gobierno de S.M., por el Sr. Gobernador la cantidad de 30.562 reales, que les falta para atender a los gastos de la referida obra de escuela, quedando además por cuenta del vecindario, los portes de los materiales, remitiendo esta acta a la superior aprobación".

10-12-1864: "... oficios del gobierno de la provincia, (...) de fecha 12 de noviembre próximo pasado, en los que se manda arbitrar, por este municipio, y se proponga los recursos con que cuente, para cubrir la cantidad de 23.802 reales y 18 cts., según presupuesto y plano reformado para la construcción de un nuevo local para escuela de niños de esta villa, (...) destinar a los gastos de la referida obra el 80 % de los bienes de propios vendidos a esta villa, que puede ascender a la cantidad de 11.200 reales, provisionalmente, al ser una obra de primera necesidad y utilidad pública".

---

300 El movimiento de tropas con la frontera de Portugal se efectuaba utilizando la Calzada de los Mártires, que entonces se denominaba Calzada de Salamanca a San Felices de los Gallegos.

301 Era un local que bastantes rollaneses aún llegamos a conocer. Se trataba de un inmueble situado en el lugar que, actualmente, ocupan la oficina del Banco, Consultorio Médico y Centro telefónico.

11-1-1871: "... la Admón. Económica de la provincia otorga el perdón de la contribución territorial a Cojos de Rollán por un importe de 420 ptas., con motivo de las pérdidas ocasionadas en los sembrados de aquel término por el pedrisco que descargó sobre el mismo la tarde del 24 de junio del año próximo pasado".

28-2-1874: "... hallándonos en Cuaresma debe ser de imperiosa necesidad que, por el Párroco del pueblo, se digan algunos sermones, y Semana Santa, para que la juventud, y demás personas que quieran asistir, se instruyan tanto en la religión como en lo moral (…) satisfaga el Ayuntamiento la cantidad de 11 duros al sr. Párroco".

Nuevas roturaciones de terreno

Iniciada la segunda mitad del siglo XIX comienza a notarse, de manera sensible, el incremento de población. El trabajo escasea y, consecuentemente, el paro lleva a muchas familias de obreros a la pobreza y a la miseria. Por este motivo varios vecinos ya habían presentado un escrito en el Ayuntamiento, donde manifestaban:

- 1.º - *Que en el pueblo existen* **sobre 80 familias pobres**, *jornaleros, que por falta de trabajo se hallan reducidos a la mayor miseria.*
- 2.º - *Que, al resto del vecindario, aunque no tan pobre, no les permite su mediano estar, a* **dar donativos para el trabajo** *de la clase obrera...*[302].

Por otra parte, los recursos de Rollán son muy escasos, por lo que la pobreza y la miseria del vecindario son un problema difícil de resolver. La Corporación Municipal pide, a veces, autorización al gobernador civil para disponer de los fondos municipales con el objeto de conseguir, para la clase obrera, precios más económicos de productos básicos, como el pan, y otras veces, dando a hacer obras municipales, como la reposición de fuentes y puentes o pontones, así como el arreglo de caminos y calles. Eran obras de utilidad pública y necesarias.

Como vemos en la cita anterior, en diciembre de 1867 calculan que hay unas 80 familias pobres. Sin embargo, la pobreza y miseria entre las familias de Rollán sigue en aumento; porque, en la sesión municipal del día **13 de marzo de 1869** se lee

> una exposición presentada por la mayor parte de los vecinos, en la que se pide la *roturación y división de los prados y demás terrenos* que constan del inventario del patrimonio común.

La Corporación Municipal es consciente de que la solución no va a llegar de las autoridades políticas provinciales y que le toca a ella intentar poner remedio a una situación desesperada. Decide que la roturación de los prados comunes no era conveniente, ni su división. Pero sí era posible la roturación de los terrenos del monte comunal, "atendiendo a la pobreza y miseria del vecindario". Entonces, acuerdan nombrar una comisión en la que participarían los miembros del Ayuntamiento y un

---

302 AMR, *Libros de Actas de Sesiones del Ayuntamiento.* Leg. n.º 3, libro 12, sesión de 21-12-1867.

"número doble de contribuyentes" para designar los terrenos, además de los del monte, que considerasen más convenientes y *"productivos para dicha roturación"*[303].

Los vecinos también habían propuesto incluir la roturación y división de los prados entrepanados[304], sin embargo, esto no lo considera conveniente la Corporación Municipal y no se incluye.

Se formaría la comisión con los 8 miembros del Ayuntamiento y, por tanto, 16 de los contribuyentes (los 24 nombres de la comisión aparecen en el lateral del acta de la sesión).

En otra sesión municipal celebrada ese mismo día, procedieron, a elaborar la lista de contribuyentes que representarían a los tres sectores de la población: clase máxima, media y mínima.

Por mayoría de la comisión se estimó que el terreno a roturar en el monte ascendía a 300 huebras, aproximadamente, y que los destinatarios a repartirse los terrenos serían unos 250 vecinos pobres. Los más "menesterosos de esta población, para que con esto puedan atender, en parte, a la subsistencia de sus numerosas familias"[305].

Para ultimar y concretar todas las condiciones en las que se realizaría la operación, también ese mismo día se celebró una tercera sesión "con objeto de señalar los sitios" (en las Moreras, Pocilgas y Camino de Porqueriza). Acordaron que se dividiría entre los 250 vecinos, pagando una renta anual de 16 reales/huebra (lo que ayudaría, también, a las cargas del Presupuesto Municipal). Haciéndose así, podría

> darse a cada vecino de *14 a 15 celemines* de sembradura[306] por el tiempo de 12 años consecutivos, pagando esta carga en la época que le designe el Ayuntamiento, bajo un reparto que el mismo formará y pasará al cobrador del vecindario comprendido en dicha roturación, y bajo las *condiciones siguientes:*
>
> 1.º-Todo vecino que a los 15 días del aviso para el pago no lo tuviese hecho, pierde el derecho de disfrutar la parte del terreno que se ha dado.
>
> 2.º-El vecino para ser acreedor a la parte de terreno ha de ser natural de esta villa, y llevar de residencia fija 10 años, habiendo pagado toda clase de contribuciones.
>
> 3.º-También son acreedores a la parte los vecinos que no siendo naturales lleven 20 años de residencia fija, con la misma cláusula de haber pagado toda clase de contribuciones.
>
> 4.º-Al fallecimiento de uno o más vecinos tienen que dejar la porción, dándole ésta a los vecinos de nueva entrada que le corresponda"

De este modo, se originaron los *'quiñones'* y a la zona donde se ubicaban se le comenzó a llamar "partes chicas".

También se hicieron algunas roturaciones de terreno en el paraje de 'La Guedija'[307].

---

303 AMR, *Idem,* Leg. N.º 3, Libro 13, Sesión de 13-3-1869.
304 Son los prados que se encuentran entre dos tierras cultivadas.
305 Acuerdo tomado en la 2.ª sesión del día 13-3-1869. Al margen del Acta de la Sesión aparecen los nombres de los 24 participantes.
306 Porciones de terreno denominadas "quiñones".
307 Creo que se hicieron en el mismo año 1969, o quizás alguno antes (He perdido el dato de estas roturaciones).

Como resultado de la roturación del monte, la mayoría de las familias obreras llegó a tener alguna tierra en propiedad (su quiñón) durante algunos años. Por desgracia, no pocas de ellas tuvieron que venderla después, como recurso para tapar, siquiera un poco, el hambre de la familia. Otras aguantaron hasta los años de la 2.ª República. Al final, fueron muy pocas familias de obreros las que pudieron seguir manteniendo su 'quiñón' de terreno.

Pasados unos años, parece que se dieron abusos en las roturaciones practicadas. Con este motivo el ayuntamiento de Rollán acuerda, en sesión del 14 de febrero de 1874, "(…) para evitar usurpaciones de las fincas comunales, caminos, cañadas y Guedija (…) acotar y deslindar gubernativamente mencionadas fincas (…) por dos comisiones de peritos prácticos y conocedores del término, presididas por los concejales cuyas juntas serán nombradas por el Ayuntamiento".

Sin embargo, el resultado no fue satisfactorio, y hubo varias reclamaciones de "proletarios de este pueblo sobre los acotamientos practicados (…) por el Ayuntamiento anterior (…) se dispuso nombrar otra junta de tres hombres prácticos designados por la Corporación y otros tres designados por los interesados, para que hagan un segundo acotamiento"[308].

Posteriormente, en mayo de 1876, se suscita un nuevo problema. Al parecer Porqueriza rompió la raya que separa los dos términos penetrando en varias de las tierras colindantes. Por este motivo, después de haber reconocido el terreno en litigio, "… se decide que nombren en Porqueriza una comisión y en Rollán otra para que hagan el reconocimiento el próximo día 24 a las 9 de la mañana"[309].

Rollán en los años anteriores al final del priorato

En 1845 y 1850 Pascual Madoz publica el *Diccionario geográfico-estadístico-histórico de España y sus posesiones de ultramar*. En la voz: 'Rollán' (Tomo XIII, de 1849), entre otras cosas, dice lo siguiente:

- A su ayuntamiento están agregados los despoblados de Cojos de Rollán y Garcigrande.
- Pertenece al partido judicial de Ledesma y a la Audiencia Territorial de Valladolid. También a la región de Castilla la Vieja[310].
- Sigue siendo 'nullius dioecesis' de la Orden de Alcántara.
- Hay 240 casas y un edificio cuyo piso superior está destinado al ayuntamiento y el inferior a la escuela elemental, a la que asisten 50 niños y 15 niñas.
- Después de citar la ermita "dedicada a los mártires Fabián y Sebastián", dice que hay "un cementerio que en nada perjudica a la salud pública"[311].
- El terreno, en su mayor parte, es de mediana calidad y escaso de pastos hasta el punto de no tener los labradores más ganado que el indispensable para la labor.

---

308 AMR, *Idem.*, Leg. N.º 3, Libro 21, de 11-7-1874.

309 AMR, *Idem.*, Leg. N.º 3, Libro 23, de 20-5-1876.

310 Refleja, pues, la nueva división de España en provincias y regiones efectuada en el año 1833.

311 Se había producido, hacía más de una década, el traslado del cementerio, que antes estaba en la iglesia y junto a ella.

– Como industria, "la agrícola y varios telares en los que se fabrica el sayal que se usa en el pueblo, alforjas, costales y colchas. También existen algunos telares de lino".

– Constituyen la población *"180 vecinos, 798 almas"*.

– Por último, produce una riqueza de 254.950 reales y paga de impuestos 12.071 reales.

En el año 1862 todavía hay un tejar en Rollán. Ese año, de allí se adquirieron tejas y ladrillos para utilizarlos en un reparo de la iglesia parroquial.

El 1 de enero de 1863 tomó posesión un nuevo ayuntamiento formado por el alcalde, teniente de alcalde, regidor síndico y cinco regidores más. Además del secretario y un juez de paz.

En 1866, entre el 1 y el 3 de noviembre, se celebraron elecciones en las que se eligieron los concejales para el siguiente cuatrienio. El 1 de enero de 1867 se formó el nuevo ayuntamiento después de que el secretario leyese "una comunicación del Sr. gobernador, manifestando haber nombrado alcalde y teniente de esta población, y aprobado las elecciones"[312]. Pero no llegó a completarse todo el periodo, porque lo impidió la Revolución de 1868[313]. El 22 de octubre de 1868 el secretario leyó una comunicación de la Junta Revolucionaria de la Cabeza de Partido, manifestando había nombrado (…) nuevo Ayuntamiento (…) que toma posesión el día 1 de enero de 1869.

Durante el Sexenio Democrático las legislaturas no completaban su periodo y se sucedían nombramientos, a veces, después de tan solo algunos días. De hecho, el 1 de febrero de 1872 se producen los nombramientos de alcalde, teniente y procurador síndico; y estos tres nombramientos son sustituidos por otros nuevos el 27 de julio de 1873 (con Amadeo I de Saboya en el trono), "por decisión de la Junta Provisional de Gobierno del Cantón General de esta provincia". Sin embargo, dos días después, reunidos tanto los que habían tomado posesión como los cesados, no reconocieron a dicha junta, y volvieron a entregar el mando al ayuntamiento cesante, como así se verificó.

El 24 de septiembre de 1873 se celebra sesión extraordinaria del Ayuntamiento con nuevos nombramientos. Pero, parece que no se tuvo bien en cuenta la ley, porque tres días después, el día 27, se hacen nuevos nombramientos, con un regidor menos; es decir, el Ayuntamiento lo componen 7 miembros, no 8, además del secretario.

En una nueva sesión extraordinaria, celebrada seis meses después, el 19 de abril de 1874, constatamos un nuevo ayuntamiento:

> al efecto de cumplir lo mandado por el Sr. gobernador de la provincia, en oficio por el que se acuerda separar al ayuntamiento actual, y tomar posesión los nuevos nombrados[314].

---

312 AMR, *Idem,* Leg. N.º 3, Libro 13, de 1-1-1867.

313 En septiembre de este año comenzó el llamado Sexenio Democrático. Se nombró un Gobierno Provisional que duraría hasta 1871. Después, reinó Amadeo I de Saboya hasta el 11 de febrero de 1873, cuando, ante la renuncia del rey, se declaró la 1.ª República Española, que tampoco duraría mucho tiempo; solo hasta el 29 de diciembre de 1874.

314 AMR, *Idem*, Leg. N.º 3, Libro 21, de 19-04-1874.

Reloj de torre

En marzo de 1864 el Ayuntamiento de la villa compra un 'reloj de torre' porque se considera una obra de utilidad pública muy necesaria para la población, y acuerda que la maquinaria y su campana se instalen en la espadaña de la iglesia. También acuerdan construir dos cuerpos de tabiquería para custodiar la maquinaria. Todo ello pagado con fondos municipales[315].

Se pide permiso al cura párroco, D. Nicolás Arias Torres, que es concedido, tanto para su instalación como para la utilización de la puerta principal de la iglesia para entrar y salir, a fin de realizar los trabajos necesarios para el uso y conservación de la maquinaria; pero manteniendo el municipio, siempre, el derecho de propiedad del reloj. Y para que la Iglesia no pueda alegar su propiedad en el futuro, acuerdan dar una copia del acta correspondiente al Sr. cura párroco.

> La persona que ha de regir la maquinaria del reloj ha de ser designada por el párroco, y entrará y saldrá a cumplir con su función de relojero a la hora que el mismo señale[316].

Siete años después, en 1871, se cayó parte del cuarto del reloj, teniendo que arreglarse lo que deterioró en la iglesia con su caída; obra que duró tres días y por la que se les pagó a los albañiles 42 reales. Según parece el reloj estuvo en la espadaña de la iglesia hasta el año 1878, porque en julio de ese año se indica que:

> la obra de recomposición de la pared de la casa consistorial y escuelas (…) y al mismo tiempo la colocación en la misma del reloj de torre[317].

---

315 El reloj costó 7.696 rs., pero hubo que hacer un presupuesto adicional de 1.300 rs. más por el aumento del coste de la campana del reloj.

316 AMR, *Ob., cit.,* sesión del día 30 de marzo de 1864. Dato tomado de documentación inédita de Mateo Rodríguez.

317 AMR, *Ob., cit.,* sesión del día 14 de julio de 1878. Dato también tomado de Mateo Rodríguez.

Fin del priorato de Rollán

Durante el siglo XIX, en la década de los 50, se inicia un proyecto de división de todas las parroquias de la Diócesis de Salamanca que, por diversas vicisitudes, tardará más de 30 años en finalizarse. Se inicia con el Concordato de 1851, con el que en España se restablecían las relaciones Iglesia-Estado y en el que se acordaba la supresión de las jurisdicciones privilegiadas y exentas, con la excepción de las de las Órdenes Militares. El Boletín Oficial de la Diócesis de Salamanca, del 5 de enero de 1854, afirmaba que "subsistirá (…) en la forma que actualmente tiene (…) Rollán, de la Orden de Alcántara, en el partido de Ledesma".

Previamente, el obispo de Salamanca: Excmo. Sr. Fernando de la Puente y Primo de Rivera, por auto del 13 de septiembre de 1853, iniciaba el "Expediente para una nueva división y reajuste de la diócesis en Arciprestazgos"[318], entre ellos se relacionaba el priorato de Rollán.

Se trataba del primer paso para que este priorato, que era 'nullius diócesis', pasase a formar parte, con todas las consecuencias, de la Diócesis de Salamanca.

Avatares políticos nacionales, concretamente la revolución liberal que se produjo en el bienio 1854-1856, hicieron que el proyecto se parase y hasta el 22 de octubre de 1868 no se da por concluido el plan parroquial, y se remitía al Ministerio de Justicia el expediente completo de la Diócesis.

Mientras tanto, parece que el obispo de la Diócesis ya se había ido arrogando algunas prerrogativas, sobre el priorato de Rollán, que antes no tenía. Concretamente, había nombrado a D. Nicolás Arias Torres como primer párroco de Rollán, en el año 1862. Y, desde este mismo año, en Rollán existe el *Libro de la Fábrica de la Iglesia*, lo mismo que era obligatorio tenerlo en el resto de las parroquias de la Diócesis de Salamanca.

Después, a nivel nacional, con la Revolución de septiembre y el destronamiento de Isabel II, comenzó el Sexenio Democrático (de 1868 a 1874); período durante el que se produjeron una serie de choques y confrontaciones de clericalismo/anticlericalismo, que se hicieron notar de manera muy especial en Castilla y León. El arzobispo de Valladolid,

---

318 RIESCO, A.: *Evolución Histórica de las parroquias en Salamanca* (suplemento del Boletín Eclesiástico), Salamanca, 1966, p. 40.

Moreno, se distinguiría en esos enfrentamientos, incluso resistiéndose a reconocer, en un primer momento a la Junta Revolucionaria.

Finalmente, el 22 de octubre de 1868 se concluyó el plan parroquial, remitiéndose al Ministerio de Justicia el expediente completo de la Diócesis de Salamanca.

El Gobierno publicó, el 2 de noviembre de 1868, un Decreto Ley con el que se eliminaba:

> la jurisdicción de los jueces propios que caballeros de las distintas Ordenes ejercían conforme a las leyes, bulas, prácticas y costumbres[319].

Y publicó otro Decreto Ley, el 1 de enero de 1869:

> cuyo objetivo es secularizar la vida nacional. A tal fin se dispone la incautación por parte del Estado de todos los archivos, bibliotecas (…) que, con cualquier nombre, estén a cargo de las catedrales, cabildos, monasterios y Órdenes Militares.[320]

El 9 de marzo de 1873, la Primera República suprimió las Órdenes Militares; pero, el 14 de julio de ese mismo año Pío IX promulgó la Bula *Quo Gravius,* con la que se suprimía en España la jurisdicción eclesiástica especial de las cuatro Órdenes Militares, agregando, provisionalmente, sus territorios a las diócesis donde estuviesen enclavados.

Pocos meses después comienza a ponerse en marcha la operación que conduciría a la supresión del priorato de Rollán. Con este motivo:

> el 17 de octubre de 1873, el juez eclesiástico ordinario del priorato de Rollán, Lcdo. D. Joaquín Redondo Gonzalo, aprobó las cuentas de la Fábrica de la Iglesia correspondientes al período comprendido entre el día 25 de julio de 1862 y el día 16 de julio de 1872[321].

También el 23 de diciembre de 1873 vuelve a aprobar otras cuentas. Con lo cual podemos decir que, a efectos prácticos, desde esta fecha Rollán deja de ser priorato de la Orden Militar de Alcántara para pasar a pertenecer a la Diócesis de Salamanca, como una parroquia más de esta. Unos días antes, el 17 de diciembre el obispo de Salamanca nombró, ecónomo de la villa, al sacerdote D. Nicolás Hernández.

Restaurada la monarquía borbónica con el Pronunciamiento en Sagunto del General Martínez Campos y con Alfonso XII ya en el trono de España, "se iniciaron las negociaciones para dar cumplimiento al Concordato"[322].

El 3 de febrero de 1874, el Boletín Eclesiástico de los obispados de Salamanca y Ciudad Rodrigo publica, para la ejecución de lo que en la bula *Quo Gravius* se dice que, la "Supresión de las jurisdicciones de Órdenes Militares y demás privilegiadas y exentas"[323].

---

319 AHDS, *Boletín Eclesiástico de los obispados de Salamanca y Ciudad Rodrigo,* Tomo 21, p. 167.

320 VV.AA, *Historia de Castilla y León.* Valladolid 1986. Ámbito Ediciones, S.A. Tomo 9, p. 42.

321 AHDS, APR., *Libro de Fábrica de la Iglesia parroquial de San Lorenzo de Rollán.* Sign. 322/18.

322 GÓMEZ DE SALAZAR, F. y VICENTE DE LA FUENTE, F. *Lecciones de disciplina eclesiástica general y particular de España,* Madrid, 1894, 5.ª ed. Tomo I, p. 264.

323 AHDS, *Ob. cit.,* Tomo n.º 21, pp. 37-47.

Como el priorato de Rollán pertenecía a la Orden Militar de Alcántara y tenía la jurisdicción eclesiástica especial, a partir de ese momento[324]:

- Se le suprime la jurisdicción eclesiástica especial. En consecuencia, las personas e instituciones (juzgados, tribunales...) que venían ejerciendo la jurisdicción eclesiástica, cesarán por completo en el ejercicio de la misma, desde que se les haga saber de manera oficial. Además, harán entrega de todos los documentos que conserven en sus archivos y se refieran a las personas, cosas, derechos e intereses eclesiásticos.
- Debe agregarse e incorporarse a la Diócesis de Salamanca, porque su territorio se encuentra enclavado dentro de ella.
- Ya podrá, el obispo de Salamanca, ejercer todas y cada una de las facultades, tanto ordinarias como extraordinarias y delegadas, igual que las ejerce en su Diócesis.

Parece ser que hubo problemas para la aceptación de la Bula, motivo por el que el cardenal arzobispo de Valladolid publica un escrito al respecto.

El Decreto de 6 de febrero de 1874 ordena que Rollán y Garcigrande se integren en el Arciprestazgo de Baños, y la Magdalena en el de Salamanca. Terminaban entonces, como dice Ramón García Gómez "655 años de la pertenencia de Rollán a la Orden de Alcántara"[325].

Posteriormente, el 9 de febrero de 1874 hay una carta de la Secretaría de Cámara del Obispado de Salamanca, encargada por el obispo, Narciso Martínez Izquierdo, para hacerle saber todo lo anterior a los párrocos, ecónomos y demás sacerdotes que, hasta ahora, dependían

> de las jurisdicciones de las Ordenes Militares y otras privilegiadas y exentas y abolidas... que es su voluntad continúe el clero todo (...) en el uso de las licencias de celebrar, predicar y confesar, que S.E.I. las prorroga en los mismos términos que las tenían concedidas (...) Agrega las parroquias de las suprimidas jurisdicciones a los Arciprestazgos de esta Diócesis en la forma siguiente: (...) las de Rollán y Garcigrande al de Baños (...) Así mismo ha acordado que los Párrocos y Ecónomos de las referidas jurisdicciones lean el preinserto auto correspondiente a cada una de ellas en la misa 'pro populo' del primer domingo inmediato a su recepción, para conocimiento de los fieles y demás fines consiguientes (...)"[326].

Pero, parece ser que algunos eclesiásticos no aceptaron la aplicación de la bula *Quo Gravius*, siendo piedra de escándalo para el resto que sí aceptó. Además, durante esta época revolucionaria, el orden público es una de las constantes manejadas por los distintos gobiernos.

Tal vez, ambas razones fueron las que impulsaron al Gobierno de la República (se había acabado el período revolucionario), mediante Decreto del 9 de marzo de 1874,

---

324 GÓMEZ DE SALAZAR, F. y VICENTE DE LA FUENTE, *Ob. cit.*, Tomo I, pp. 264-265.
325 GARCÍA GÓMEZ. R.: *Ob. cit.*, p. 36.
326 AHDS., *Ob. cit.*, Tomo n.º 21 , pp. 51-52.

a suprimir en España, en cuanto a lo político y civil[327], las Órdenes Militares. Y con motivo de la ejecución de dicho decreto, el cardenal arzobispo de Valladolid, Moreno y Maisanove, recibe una orden del Ministerio de Gracia y Justicia, para que se abstuviera de ejecutar las bulas de Su Santidad sobre jurisdicciones eclesiásticas exentas; pues le haría responsable si, como consecuencia de ello, se produjera alguna alteración del orden público en cualquiera de las localidades.

Con un nuevo decreto, de fecha 14 de abril de 1874, se dispone el restablecimiento del Tribunal de las Órdenes Militares, en oposición a lo preceptuado en la bula *Quo Gravius.* Y, de nuevo, el cardenal arzobispo de Valladolid, en comunicación al Sr. Presidente del Poder Ejecutivo de la República le pide que revoque ese decreto del 14 de abril, por miedo a que se produzca un cisma religioso, fundándose en que

> … sus disposiciones atacan uno de los dogmas fundamentales del catolicismo, cual es, el de la obediencia en materias religiosas al Romano Pontífice[328].

El caso es, que entre unas cosas y otras, desde que se había terminado el plan parroquial, el 22 de octubre de 1868, se produce otro largo compás de espera casi de 20 años, antes de dar por "terminado el expediente de arreglo general de las parroquias de la diócesis de Salamanca por auto definitivo de 31 de diciembre de 1886. El nuevo Obispo, Excmo. P. Tomás Cámara y Castro, con el asentimiento y aprobación de la reina regente, fijaba como fecha del planteamiento y ejecución del nuevo plan, el día 1.º de julio de 1887, en que se inicia el año económico"[329].

Sin embargo, la parroquia de Rollán y su anexo Garcigrande ya se estaban considerando de la Diócesis de Salamanca desde el año 1862, pero de manera más efectiva a partir de que el 23 de diciembre de 1873 el juez eclesiástico del priorato aprobara las últimas cuentas, como se ha dicho anteriormente.

Hechos que avalan esta afirmación son:

- Desde 1874 se reciben los Boletines Eclesiásticos de la Diócesis de Salamanca y Ciudad Rodrigo.
- El 3 de junio de 1877 se convoca concurso a curatos vacantes de la Diócesis de Salamanca, y entre ellos se relaciona Rollán y su anexo Garcigrande[330].
- El 26 de abril de 1878 la Secretaría de Cámara del Obispado da cuenta de la recepción del Ministerio de Gracia y Justicia de una Real Orden aprobando las primeras propuestas que el Sr. obispo elevó a Su Majestad para proveer curatos vacantes en la Diócesis. Entre ellos, como curato de término, el de San Lorenzo de Rollán y su anejo Garcigrande, para el que se nombraba a D. Ezequiel Martín Curto[331].

---

327 En la actualidad, la Orden de Alcántara no se encuentra suprimida, pero es meramente honorífica, como las otras.

328 AHDS, *Ob. cit.*, Tomo n.º 21, p. 166. Se trata de una carta del 30 de abril de 1874.

329 RIESCO, A.: *Ob. cit.* p .54.

330 AHDS, *Ob. cit.*, Boletín n.º 11. Tomo 24, pp. 205-206.

331 AHDS, *Ob. cit.*, Boletín n.º 8. Tomo 25, p. 78.

Pero, tal vez pueda considerarse como propiamente definitiva la incardinación de la parroquia de Rollán en la Diócesis de Salamanca a partir del año 1880, cuando se hacen las divisiones de los Arciprestazgos. En Salamanca se forman 17 y uno de ellos es el de Rollán, compuesto por los pueblos siguientes: Barbadillo, Canillas de Abajo, Carrascal de Barregas, Carrascal de Velambélez, Golpejas, Florida de Liébana, Navas de Quejigal, Parada de Arriba, Porteros, Rollán, San Julián de la Valmuza, Tirados de la Vega, Torre de Martín Pascual, Vega de Tirados y Zarapicos[332].

Además, es nombrado como arcipreste D. Ezequiel Martín Curto, párroco de Rollán.

---

332 AHDS, *Ob. cit.,* Boletín n.º 18, de 11 de octubre de 1880. Tomo 27, pp. 219-243.

Demografía – Censos de población

Los censos primitivos (efectuados entre el s. XVI y hasta mediados del s. XVIII) se elaboraban para la gestión del pago de impuestos, por eso no son dirigidos a toda la población, sino solo a los vecinos pecheros[333].

La información se obtenía de las autoridades de los municipios; en cambio, la de los censos modernos se obtiene preguntando directamente a las personas.

El 18-09-1534 en Rollán hay **65** vecinos, según el *Vecindario de orden de Carlos I y Luis Vázquez y Luis Francisco.*

Pertenece al Quarto de Baños.

Son las respuestas al *Censo de Pecheros* que, en 1528, mandó elaborar Carlos I. La recogida de datos se alargó hasta 1536. Pero, como vemos, en Rollán se hizo en septiembre de 1534.

El 12-01-1587 *Memoria de Pilas que hay en Salamanca y vecindad de cada uno de ellos.* En Rollán se cuentan **44**.

Es el llamado *Censo de los obispos.* La idea era que cada obispo requiriera, al personal eclesiástico a su cargo y que estaba en contacto directo con los feligreses (como vicarios, párrocos etc.), que se encargasen de la recogida de la información. Los resultados de este censo fueron más bien pobres[334].

El año 1591 *Censo de la Corona de Castilla 1591 o Censo de los Millones*

Establecido por Felipe II con motivo de reparar la pérdida de la Armada Invencible, se trató de un donativo extraordinario, para cuyo pago también contribuyeron los eclesiásticos; pero cada 10 religiosos contaban como un vecino. Solo se excluyó de contribuir a los frailes franciscanos.

De Rollán constan, en este censo, **98** vecinos, pero, 96 de ellos pecheros. Además, hay 2 clérigos[335].

---

333 Pecheros eran las personas que tenían que pagar impuestos, que no eran todas. Las había que estaban exentas, como las de la iglesia y la nobleza; también los pobres estaban exentos. Las viudas y los niños pechaban la mitad.

334 Los datos de vecinos de los 2 censos relacionados fueron tomados del Archivo Diocesano de Salamanca. Me los facilitó Pilar Sastre. Legajo 163, f. 12.

335 En ine.es/proyser/pubweb/censo_corona/Censo_Corona_T2.pdf; p. 492.

Año 1594, *Censo de Población de los pueblos en el s. XVI*, de Tomás González, Madrid, 1829

En esta ocasión, a Rollán se le clasifica en 'Otros Señoríos', y sigue teniendo los mismos vecinos, **98**; pero todos ellos pecheros[336].

Del siglo XVII hay pocos censos o padrones. Además, con grandes diferencias entre unos y otros autores, por lo que resultan de escasa fiabilidad.

Sabemos que en 1668 Rollán tiene **62** vecinos, y en diciembre de 1726 constan **102** vecinos, según una Certificación del Tributo de Martiniega en Rollán[337].

Censo de Campoflorido: 1712[338]

Realizado por mandato del Real Consejo de Hacienda para una más justa distribución de las imposiciones motivadas por la Guerra de Sucesión.

Se incluiría, en este censo, al Estado Noble. Las viudas cuentan como medio vecino y los clérigos y pobres de solemnidad quedaron excluidos. Son pueblos de las Coronas de Castilla y Aragón.

En Rollán se registran **91** vecinos.

Catastro del Marqués de la Ensenada de 1753 (censo y vecindario de la Ensenada)

En la *Operación del Catastro 1752*, se indican **120** vecinos, incluidos el párroco, 19 viudas y 18 residentes. No indica habitantes concretos.

Fue el último censo de los considerados primitivos. Se elaboró con las respuestas al interrogatorio de 40 preguntas que, en otro capítulo, ya he referido.

Censo de Aranda: 1768[339]
Población de los pueblos de España con distinción de parroquias y diócesis: 1773.

La operación se encomendó a los obispos, que a su vez se la encargaron a los párrocos de sus diócesis. Cada párroco debía cumplimentar un cuestionario con datos resumidos de los feligreses, clasificados por sexo, grupos de edad y estado civil. Se anotaba, además, si la persona en cuestión estaba exenta de pagar impuestos, y el motivo de tal exención.

El vicario fue quien hizo la certificación de este censo[340].

Dato curioso es que, entonces, Rollán pertenecía a la provincia de Ciudad Rodrigo.

La población total ascendía a **645 habitantes** (322 varones y 323 hembras).

Censo de Floridablanca: 1787
España dividida en provincias e intendencias y subdividida en partidos, corregimientos, alcaldes mayores, gobiernos políticos y militares, así realengos como de órdenes, abadengo y señorío", Madrid, 1789. VI tomos[341].

---

336 AGS, Contadurías Generales. *Libro núm. 2970,* p. 51. Tomada de bibliotecadigital.jcyl.es/es/Catalogo_imagenes…

337 AHN, OO. MM., Consejo de Órdenes, *Leg. 6818*, Libro n.º 13.

338 En ine.es/prodyser/pubweb/censo_campoflorido/Censo_Campoflorido_T1.pdf; p.193. Original en BN, ms. 2274.

339 En ine.es/prodyser/pubweb/censo_aranda/tomo8.pdf; *Población de los pueblos de España con distinción de parroquias y diócesis*, Tomo VIII, Madrid, 1773, p. 292.

340 Con fecha 11 de octubre de 1768.

341 En ine.es/prodyser/pubweb/censo_floridablanca/tomo3b.pdf; *Censo de Floridablanca 1787,* Tomo III, vol. 2, Madrid, 1989, pp. 2692-2693. Fue conde y ministro de Carlos III.

En total hay **676 habitantes** (361 varones y 315 hembras). Especifica el n.º de habitantes de cada profesión, n.º de solteros y sexo, casados y viudos de cada sexo.

También indica n.º de habitantes por tramos o grupos de edades de cada sexo.

Como autoridad indica que hay **1** alcalde ordinario.

El censo de Floridablanca, elaborado entre 1785 y 1787, es considerado como el primer censo español de población elaborado siguiendo técnicas estadísticas modernas.

Al menos cuando se elabora este censo la provincia es intendencia, y Rollán se le considera dentro de la intendencia de Salamanca, no de Ciudad Rodrigo.

Censo de Godoy:
Censo de la población de España del año 1797, ejecutado de orden del rey (Carlos IV) en el 1801.

Elaborado por Eugenio Larruga, por eso —a veces— se le denomina *Censo de LA-RRUGA*. No tengo datos de población individualizada.

Como autoridad indica que hay **1** alcalde ordinario.

Se mantiene la misma división administrativa en intendencias, y la clasificación de los habitantes por edades, contiene cinco categorías: infancia, niñez, juventud, adultez y senectud.

Diccionario de Miñano[342]
Elaborado entre 1826 y 1829. Tiene 10 tomos.

En el tomo VII, p. 355, en la voz: '*Rollán*', se dice: provincia y partido de Salamanca, cuarto de Baños. Con 187 vecinos, **762 habitantes**; 1 parroquia y pósito. Produce pastos de monte, granos y ganado.

Contribución: 3.757 rs. y 20 maravedises.

En el *Diccionario de Madoz* [343]
Elaborado entre 1840 y 1845. Tiene 16 tomos.

En la Voz 'Rollán' se constatan 186 vecinos que se convierten en **828 habitantes**.

Sobre el emplazamiento de Rollán, dice que está: "sobre una colina, y parte en su pequeña falda".

En el libro de *Actas de Sesiones del Ayuntamiento* de Rollán se constatan los padrones municipales siguientes[344]:

1-3-1877: El padrón recoge 300 vecinos y **1 200 habitantes**.

1-7-1879: ... N.º de vecinos: **320**; n.º de **habitantes: 1 300**.

1-7-1881: N.º de vecinos: 350. Pero no se indican habitantes.

1-7-1883: Siguen contabilizándose solo los **350 vecinos**.

---

342 MIÑANO Y BEDOYA, S.: *Diccionario geográfico-estadístico de España y Portugal, dedicado al Rey nuestro Señor,* Madrid, 1827. Tomo VII, p. 355. (Cita tomada de internet en: bibliotecadigital.jcyl.es).

343 MADOZ, P.: *Diccionario geográfico-estadístico-histórico de España y sus posesiones de ultramar,* Madrid, 1849. Tomo XIII. p. 545. (Tomado de internet en: bibliotecadigital.jcyl.es).

344 AMR, *Actas de Sesiones del Ayuntamiento,* Leg. 3.

4-1-1885: **Padrón de vecinos** de este término municipal = **1 383 habitantes**. De los cuales pertenecen, a la clase de vecinos = 403, a la de domiciliados = 967, y a la de transeúntes = 13.

30-1-1887: El resultado del padrón, en 31 de diciembre último: **417** vecinos, los que componen **1 406 habitantes**, correspondiendo a la clase de establecidos 1 395, y 11 de transeúntes. Y que clasificados los habitantes, en la forma que ordena la vigente Ley Municipal, resultan: 712 varones, 683 hembras, y 8 varones y 3 hembras transeúntes.

En la clasificación por estado civil resultaron: 387 varones solteros, 288 casados y 45 viudos; 351 hembras solteras, 288 casadas y 47 viudas; haciendo un total entre ambos sexos de 738 solteros, 576 casados y 92 viudos.

Clasificación por edades: menores de 7 años = 132 varones; de 7 a 12 = 92; de 13 a 17 = 67; de 18 = 14; de 19 = 13; de 20 = 8; de 21 = 16; de 22 = 8; de 23 = 12; de 24 = 11; de 25 = 6; de 26 a 35 = 91; de 36 a 50 = 113; de 51 a 60 = 63; de 61 a 70 = 43; de 71 a 80 = 18; de 81 a 90 = 3.

Hembras menores de 7 años: 124; de 7 a 12: 83; de 13 a 17: 51; de 18: 15; de 19: 12; de 20: 17; de 21: 17; de 22: 12; de 23: 13; de 24: 10; de 25: 10; de 26 a 35: 97; de 36 a 50: 109; de 51 a 60: 64; de 61 a 70: 38; de 71 a 80: 14[345].

Cuadro 2: DEMOGRAFÍA – CENSOS DE POBLACIÓN

Año	Denominación del censo o padrón	Vecinos	Habitantes
1534	Vecindario de orden de Carlos I	65	
1587	Memoria de Pilas en Salamanca y vecindad	44	
1591	Censo de la Corona de Castilla o de los Millones	98	
1594	Censo de población	98	
1668	Censo de población	62	
1712	Censo de Campoflorido	91	
1726	Censo de población	102	
1753	Censo y vecindario de la Ensenada	120	
1768	Censo de Aranda		645
1787	Censo de Floridablanca		676
1827	Diccionario de Miñano	187	762
1841	Diccionario de Madoz	186	828
1877	Padrón de vecinos	300	1.200
1879	Padrón de vecinos	320	1.300
1885	Padrón de vecinos	417	1.383
1887	Padrón de vecinos		1.406

FUENTE: Documentación tomada de varias fuentes. Elaboración propia.

---

345 Los datos de este padrón me han sido facilitados por Mateo Rodríguez.

Apéndices documentales

Apéndice n.º 1

Incautación, por Alfonso IX, de la iglesia de Sta. María de Rasinde y la iglesia de San Juan de Rollán.

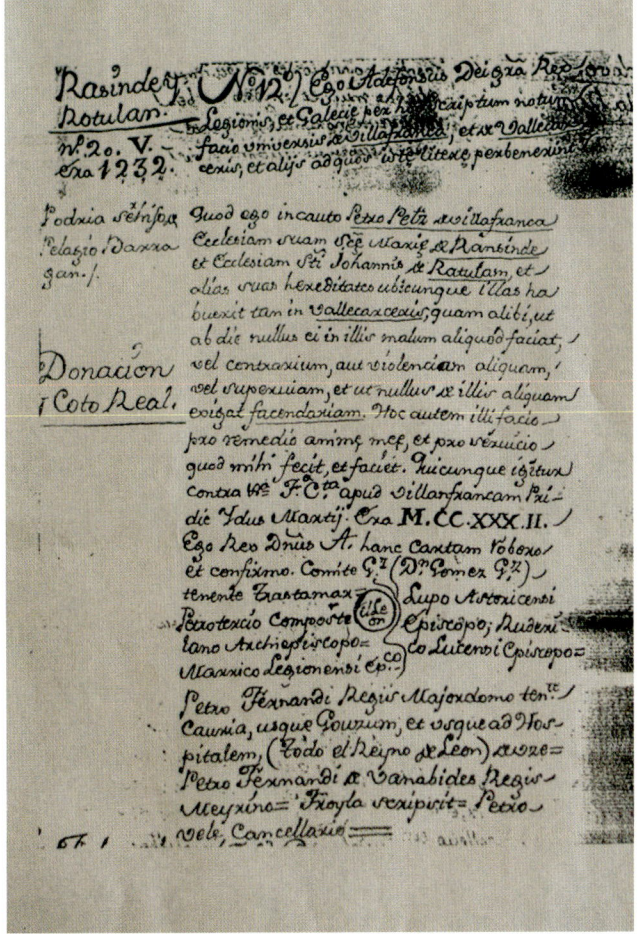

Traducción:

N.º 12. Yo, Alfonso, Rey de León y Galicia, por la gracia de Dios, hago saber por este escrito a todos los de Villafranca y de Vallecárceris, y a aquellos otros a los que llegue esta carta: Que yo le tutelo (incauto) a Pedro P. de Villafranca su iglesia de Santa María de Rasinde y la iglesia de San Juan de Ratulam, y las demás posesiones dondequiera que las tuviera, tanto en Vallecarceris como en otro lugar, para que desde hoy nadie le haga en ellas ningún daño, le moleste, cometa alguna profanación, o cause fraude, y para que nadie exija de ellas el cultivo de ningún terreno. Esto se lo hago por la salvación de mi alma y por el servicio que me ha hecho y me va a hacer. [...] Extendida la carta en Villafrancam el 14 de marzo de 1232. Yo el Rey D. Alfonso corroboro y firmo esta carta. (Testigos) el Conde González (D. Gómez González) que posee Trastamar (El León), Petrotercio arzobispo de Compostela, Marrico Obispo de León, Lope Obispo de Astorga, Rodrigo Obispo de Lugo, Pedro el Mayordomo del Rey Fernando que tiene a su cargo Cauria, hasta Gouzum, y hasta Hospital de Uze (Todo el Reino de León), Pedro de Vanabides el Merino del Rey Fernando. Froyla la escribió. Pedro Vele fue el Canciller.

Traducción de Federico Panchón, Profesor de Latín en Universidad de Salamanca. Febrero del 2000.

Apéndice n.º 2

Sillar fundacional, ¿de la iglesia de San Juan?

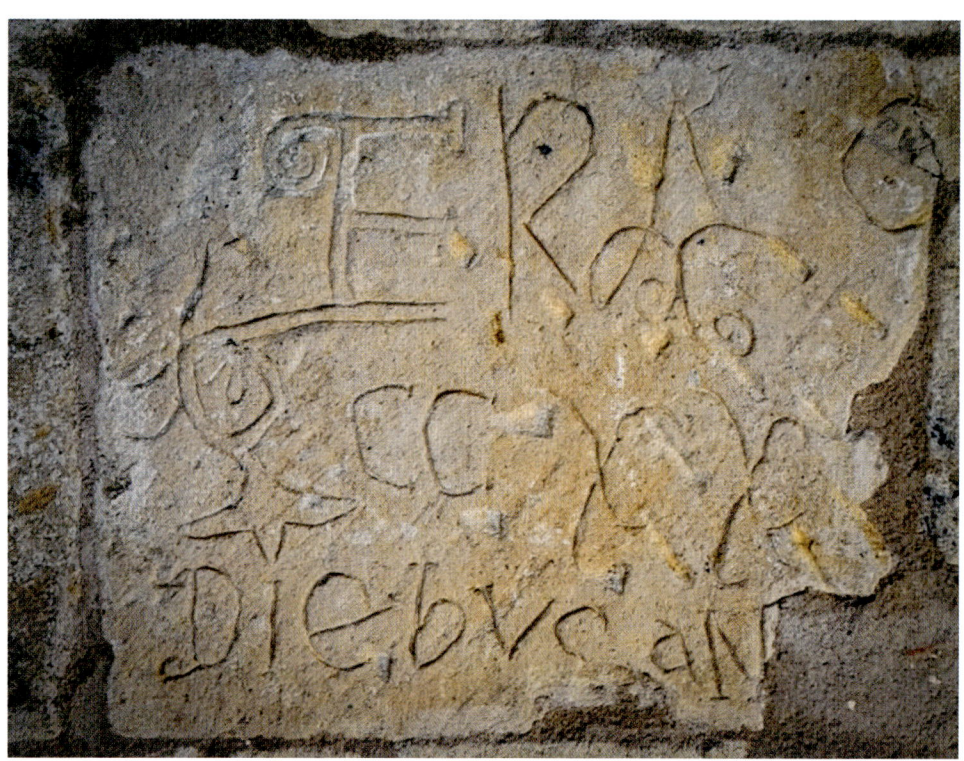

Apéndice n.º 3

Compromiso entre la ciudad de Salamanca y el comendador de la Magdalena sobre la jurisdicción de su Puebla y Rollán.

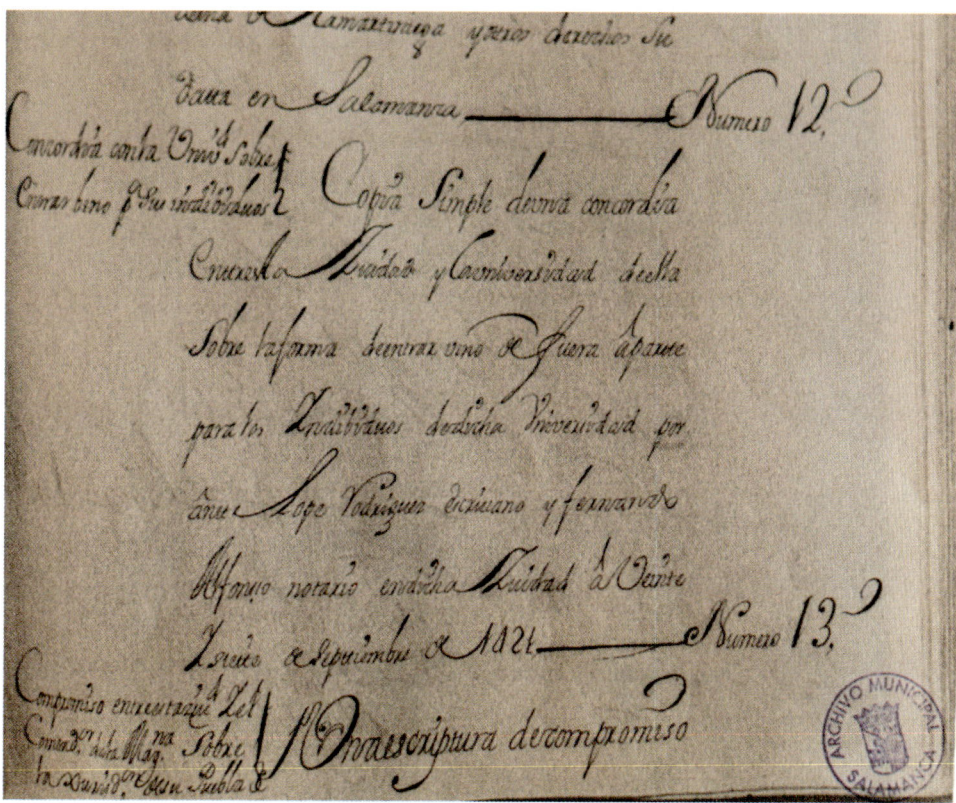

Encierto la Ciudad de la Comenda
dora de Caceres de la Magdalena
de ella y del lugar de Pottan por si en
nombre de la dha de la orden de Alcantara
por la qual se comprometieron en Juan ganzilva
tendero y Sancho Sanchez notario de dha
de la Ciudad para que como Juezes arbitros
determinasen en los Pleitos que dichas partes
tenian sobre la Jurisdizion de la puebla de la
Magdalena y lugar de Pottan cuyo dicho Com
promiso ante Pedro Garcia de Salamanca
escrivano de numero de dicha Ciudad
en veinte y siete de Octubre de 1425 = y a su
Conelusion dios la sentencia que dio por di
chos Juezes ante dicho escrivano en 31 de Octubre
de dho año Mandando que en dicha puebla
y lugar se nombrasen en cada año dos Alcaldes
de año uno por el Comendador nombre por la dha

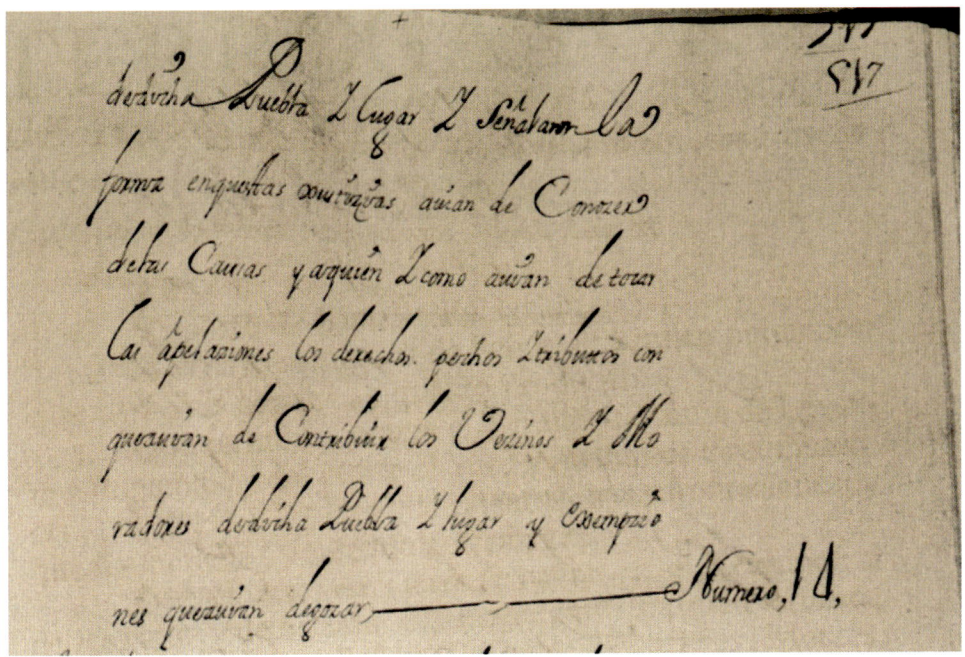

Traducción:

Una escritura de compromiso entre esta ciudad (Salamanca) y el Comendador de las casas de la Magdalena de ella y de el Lugar de Rollán, por sí y en nombre del Maestre de la Orden de Alcántara, por la cual se comprometieron en Juan García, tendero, y Sancho Sánchez, notario, vecinos de esta ciudad para que como jueces árbitros determinasen en los pleitos que dichas partes tenían sobre la jurisdicción de la puebla de la Magdalena y lugar de Rollán; puso dicho compromiso ante Pedro García de Salamanca, escribano de número de dicha ciudad, en veinte y seis de octubre de 1425 = y a su continuación cita la sentencia que dio por dichos jueces ante dicho escribano, en 31 de octubre de dicho año. Mandando que en dicha Puebla y Lugar se nombrasen en cada parte dos alcaldes al año, uno por el Comendador y otro por los vecinos de dicha Puebla y Lugar, y señalaron la forma en que estas justicias habían de conocer de las Causas, y a quién y cómo habían de tocar las apelaciones, los derechos, pechos y tributos con que habían de contribuir los vecinos y moradores de dicha Puebla y Lugar, y exenciones que habían de gozar.

AMS, Inventario Tumbo, n.º 14, ff. 516, v. 516 y 517.

Apéndice n.º 4

Confirmación de la Jurisdicción Civil y Criminal.

SCRIPTURA VI

El Rey Don Juan II confirma al Maeftre Don Juán de Sotomayor la merced, que le havia hecho de la Jufticia Civil , y Criminal de Rollan , Termino de Salamanca. (Aug. 31, an. 1429).

1.- *En el nombre de Dios Padre, e Fijo, e Efpiritu Santo, que fon tres Personas, e un folo Dios verdadero, que vive, e regna por fiempre jamás: et de la Bienaventurada Virgen gloriofa Santa Maria fu Madre, á quien ¡Yo tengo por Señora, é por Abogada en todos los nueftros fechos : et á honra, e fervicio fuyo, e de todos los Santos, é Santas de la Corte Celeftial.*

2.- *Porque razonable cofa es á los Reyes de facer gracias, é mercedes á los fus fubditos, é naturales, efpecialmente á aquellos, que bien e lealmente los firven, e aman fu fervicio; et cí Rey, que la tal gracia é merced face, ha de catar en ello tres cofas: la primera, qué merced es aquella, que le demanda : la fegunda, quién es aquel, que gela demanda , é cómo géla merefce, ó puede merefcer fi gela ficiere: la tercera, qué es el pro , ó el dano, que le por ello puede venir; por ende Yo catando, é confiderando todo efto, quiero que lepan por eíta mi Carta de Privilegio, …*

3.- *Yo el Rey, por facer bien, e merced á vos Don Juan de Sotomayor, Maeftre de la Orden, é la Cavalleria de Alcántara, por muchos buenos feñalados férvidos, que me havedes fecho, é facedes de cada dia, figo vos merced, é do vos perpetuamente para íiempre jamás á vos el dicho Maeftre, á los otros vueftros fucefores Maeftrés advenideros defpues de vos, á la dicha vueftra Orden la Jufícia Criminal, que á mi pertenece, e pertenecer puede en qualquier manera en Rollan, Lugar de la dicha vueftra Orden, que es en la Diocefis de Salamanca, para que vos el dicho Maefite, ó quien vos por vos pufieredes, hayades, é haya perpetuamente para fiempre jamás la dicha Jufticia Criminal, en el dicho Lugar de Rollán, con la jufticia Civil, que vos, e la dicha vueftra Orden tenedes, é havedes en el Lugar en tal manera, é fo tal forma, que vos, é los dichos Maeftres advenideros á la dicha vueftra Orden, fegun dicho es, hayades, e haya la dicha Jufticia,juntamiente Civil, é Criminal en el dicho Lugar Rollan, é non otro alguno, ca Yo por efte mi Álvalá vos la do, é fago gracia, é mercet de ella (...) Et por efte mi Alvalá mando al Concejo, e homes buenos dé el dicho lugar de Rollan, que no refciban, nin ufen con otros Alcalles, Alguacil, nin Merino en la dicha Jufticia Civil, ni Criminal, falvo con los Alcalles, e Oficiales, que vos el dicho Maef- tre pufieredes en el dicho Lugar, é non con otros algunos: é obedezcan, é cumplan vueftros mandamientos e del Alcalle, Alcalles, que vos pufieredes {é lo cumplan; é lleven á debida execucion: e ello mefmo mando al Concejo, Alcalles, Merino, Regidores de la dicha Ciudad de Salamanca, que vos non moleften, ni perturben en la dicha Jufticia Civil, nin Criminal nin vos quebranten la dicha gracia, é merced, que vos afsi fago de la dicha Jufticia …*

5.- *Et agora el dicho Don Juan de Sotomayor, Maeftre de la Orden de la Cavalleria de Alcántara, pidióme por merced, que le confirmafe, e aprobafe el dicho mi Alvalá, é todo lo en él contenido, é le mandaffe dar mi Carta de Previlegio Rodado, porque mejor, é mas complidamente le valieffe, (...) Et Yo el fobredicho Rey Don Joan, por facer bien, é merced al dicho Maeftre, é á la dicha fu Orden, por los muchos, é buenos, e leales, é feñalados férvidos, que me ha fecho, é face de cada dia, é por le dar gualíardon dello, tovelo por bien; et por efta dicha mi Carta de Privilegio le confirmo, é apruebo el dicho mi Alvalá, e todo lo en él contenido, e cada cofa, é parte de ello, para que haya, é goce, é pueda haver, é gozar de la dicha merced, afsi él, como los otros Maeftres, que defpues del fucedieren á la dicha fu Orden perpetuamente, para agora, é para fiempre jamás, (...) Et defto le mandé dar efta mi Carta de Previle- gio, efcrito en pergamino de Cuero, rodado, é fellado con mi Sello de plomo, pendiente en filos de feda.*

6.- *Dado en la noble Villa de Valladolid treinta é un dias del mes de Agofto, año del Nacimiento del nueftro Salvador Jefu Chrifto de mili é quatrocientos é veinte é nueve años. E Yo el fobredicho Rey Don Joan, reynante en uno con la Reyna Doña Maria mi muger, é con el Principe Don Enrique mi fijo…*

Del "Bullarium Ordinis Militiae de Alcántara…". En http://e-spacio.uned.es documento2.pdf, pp. 197-199.

Apéndice n.º 5

De las elecciones y provifiones

Como fe han de nombrar, y eligir los Alcaldes, y Regidores, y otros' oficiales de Concejo en las billas, y lugares de nueftra Orden.

Por quanto avernos fido informados, que en las Villas de; nueftra Orden ha avido, y ay diferencias, y contiendas fobre la elecció de los oficios de Alcaldes Ordinarios, y Regidores, y Procuradores generales, Alcaldes de la Hermandad, y Fieles de que ha refultado defervicio a Dios nueftro Señor, y al feñor Maeftre, y mucho daño a la República, y falta, y remifsionen la adminiftracion de la jufticia aviendolo con fu Mageftad confultado, Mandamos, que de aqui adelante en las villas de la dicha Orden, y en cada vna dellas fe guarde, y cumpla lo figuiente. Primeramente, que en el dia, y lugar acoftumbrado, para hazer las tales elecciones, en cada vna dé las dichas villas cada vn año, fe junten los Alcaldes Ordinarios, y Regidores que han fido, ó fueren el tal año: los quales aviendo primero oido Mifa, hagan juramento en forma debida de. derecho de hazer nombramiento de electores para los oficios del año luego figuiente, bien, y juftamente, fin intervenir afición, ni pafsion, dolo, ni fraude. Y hecho el dicho juramento, cada vno de los dichos Alcaldes, y Regidores nombren dos perfonas diferentes de manera, que los que nombrare el vno, no los nombre el otro, para electores délos dichos oficios, vezinos de la tal villa que fean buenas, y honradas perfonas, mayores de quarenta años, y en cada nombramiento efcrivan dos cédulas de vn tamaño, y todas las cédulas juntas fe echen en vn cántaro, y fe rebuelvan, y faque cada cédula porfi vn muchacho de edad de diez años, y no mas y las quatro primeras cédulas que falieren fe vean por todos losque hizieren el tal nombramiento, y fe afsienten en vn libro por el Efcrivano del Confiftorio de la tal villa los nombres de las quatro perfonas que aqui falieren: las quales han de fer, y fean electores de las perfonas que han de falir por Alcaldes, Regidores, y los otros oficios para el año luego figuiente. Y fi en la tal Villa huviere elección de hombres hijofdalgo, y pecheros, por mitad fe echen, y nombren los electores por la mifma forma, y manera, y en dos cantaros, el vno del vn eftado, y el otro del otro. Yfi por cafo vbiere alguna diferencia ó duda en la elección délos dichos electores, por qualquier caufa que fea, fe efte a lo que cerca dello determinare la Iufticia mayor del partido, y aquello fe guarde, y cumpla, y execute, fin embargo de qualquier apelación. Iten, que los quatro electores que falieren hagan la folemnidad del juramento, que en tal cafo fe requiere, que nombrarán por Alcaldes, y Regidores, y los demás oficiales de la tal villa de cada Eftado, hombres habiles, y fuficientes, ternerofos de Dios, y de fus mandamientos, y que firvan bien a Dios, y al Maeftre, ó Adminiftrador, que por tiempo fuere de la dicha Orden, y hagan jufticia, y goviernen rectamente la República: que fean hombres cafados, y mayores de veinte y cinco años, y no exemptos de nueftra jurifdicion Real. Y fecho el dicho juramento, cada vno de los dichos quatro electores en quatro cedulas de vn tamaño efcrivirán los nombres délas perfonas que les pareciere, echando en cada cédula a perfonas diferentes, q fean fuficientes para fer Alcaldes, Regidores, y Procurador general, Alcaldes de Hermandad, y fiel déla tal villa, fiendo déla calidad dicha, y todas diez y feis fuertes fe echen en vn cantaro, y cada cédula por fi facará vn muchacho, menor de diez años: y las dos perfonas que primero falieren en las dichas cédulas, ferán Alcaldes Ordinarios, y las otras inmediatas ferán Regidores, hafta el numero que en cada Villa huviere: y el de la otra cedula ferá Procurador general, y el de lá otra Alcalde de la Hermandad, y la otra Fiel y efta Orden fe ha de tener, y guardar en la elección de cada Eftado de Hidalgos, y buenos hombres pecheros, haciendo para ello las elecciones en dos cantaros, y echando de cada eftado en cada cántaro ocho fuertes, y de cada eftado por fi. Y fi algún pueblo, o pueblos ocurrieren al Confejo, pidiendo que fe echen las cédulas en dos, o en mas cantaros, para que fe echen aparte las cédulas délos que fon vtiles, y convenientes para Alcaldes, y ávida información, pareciere que conviene que afsi fe haga, para el buen govierno dellos, el Confejo lo provea, conforme a los cafos que fe ofrecieren, para que fe echen las cédulas en vno, en dos, ó en mas cantaros, fin embargo defta Difinicion, quedando para lo demás en fu fuerça, y vigor lo qual fe haga fin perjuyzio del derecho, que Nos co rao Adminiftrador fufodicho, y las Dignidades, y Comendadores de la dicha Orden tenemos para nombrar Alcaldes Ordinarios en las villas donde tenemos coftumbre. Iten: que no puedan fer Alcaldes, ni Regidores en vn mefmo año padre, y hijo, fuegro, ni yerno, ni dos hermanos: y fi por cafo los echaren en fuertes, el que primero faliere lleve el oficio y el otro, aunque falga, no lo pueda vfar, y paffe adelante a las figuientes cédulas. Iten, que fi acaeciere morir algún algún Alcalde, ó Regidor, ó otro Oficial de Concejo entre año, que los otros Alcaldes, y Regidores elijan otro en fu lugar, cada vno de fu eftado, y fe efte al voto de la mayor parte, y hagan el tal nombramiento el primer dia de Confiftorio luego figuiente: Y fi huviere diferencia en la dicha elección, por eftar los votos iguales, en efte cafo fe guarde lo que votare la jufticia mayor del tal partido. Iten, que los Alcaldes, Regidores, Procurador General, que huvieren fido en la tal Villa, no puedan fer reeligidos á ningunos de los dichos oficios, hafta fer primero paffados, y corridos dos años enteros defpues que los huvieren acabado de fervir. Y porque nueftra merced, y voluntad es, que lo contenido en efta nueftra carta fe guarde, y cumpla de aqui adelante, cerca déla elección de los dichos oficios, Mandamos a los Concejos, Alcaldes, y Regidores, Cavalleros, y Efcuderos, Oficiales, y hombres buenos de las Villas de la dicha nueftra Orden, afsi del partido de Alcantara, como de la Serena, que lo guarden, y cumplan, como de fufo vá declarado, fin embargo de qualquier vfo, y coftumbre, Provifiones, Vifitaciones, y Ordenanzas, que en contrario dello tengan: las quales revocamos, y damos por ningunas, y de ningún valor, y efecto, en lo que fueren contrarias a lo contenido, y declarado en efta nueftra provifion, quedando en lo demás en fu fuerça, y vigor. Y otrofi Mandamos, que fi en alguna de las dichas Villas no fe huviere hecho la elección de los dichos oficios para efte prefente año fe haga conforme a nueftra provifion, fin exceder dello en cofa alguna; y que nueftro Governador, ó Iuez de Refidencia, que es, ó fuere de cada vno de los dichos Partidos, ó fus Lugares-tenientes en los dichos oficios lo hagan todo afsi guardar, y cumplir: y contra el tenor, y forma dello, ni de cofa alguna dello, no puedan ir, ni pallar. Algunos pueblos de nueftra Orden han dado relación en el Capitulo Difinitorio, que a caufa de eftar, proveído, que los quatro electores, en quatro cédulas de vn tamaño efcrivan los nombres de las perfonas que les pareciere, hechando en cada cédula perfonas diferentes, que fean fuficientes para fer Alcaldes, Regidores, Procurador General, Alcalde de la Hermandad, y Fiel de la tal Villa, fiendo de la calidad dicha; y todas diez y feis fuertes fe echen en vn cántaro. Acaece, que los que fon convenientes para Procurador General, ó Alcaldes de Hermandad, ó Regidores, ó Fiel, y no para Alcaldes, falen los primeros; porque acaece acertar con ellos el muchacho que faca las cédulas, conforme a la orden que efta. dada, y quedan por Alcaldes: y los que fon buenos, y convenientes para Alcaldes, falen para los otros oficios, y quedan con ellos: Y parece al Capitulo, que fe debe proveer, que quando algunos pueblos de la Orden ocurrieren al Confejo, pidiendo que fe echen las cédulas en dos, ó en mas cantaros, para que fe echen aparte las cédulas de los que fon vtiles para Alcaldes y ávida información, pareciere que conviene que afsi fe haga, para el buen govierno dellos, que el Confejo lo provea conforme a los cafos que fe ofrecen, para que las cédulas fe echen en vno, ó en dos, ó en mas cantaros, fin enbargo de la Difinicion, ó Acto Capitular, quedando para los demás en fu fuerça, y vigor; y fu Mageftad ló aprobó.

"*Difiniciones de la Orden y Cavallería de Alcántara con la historia y origen della*". De las elecciones y provisiones, Madrid, 1662, Tít. 18, cap. XIII, fols. 239-242.

Cita tomada de Ramón García Gómez: "*Orden de Alcántara – Definiciones y Establecimientos de la Orden*"

Apéndice n.º 6

Planta de la iglesia que se construyó a principios del s. XVI, en estilo gótico tardío. La capilla de San Antonio que aparece a su derecha, no se añadiría hasta el s. XVIII. Es parte del diseño efectuado por el arquitecto diocesano Pedro Vidal en 1898[346].

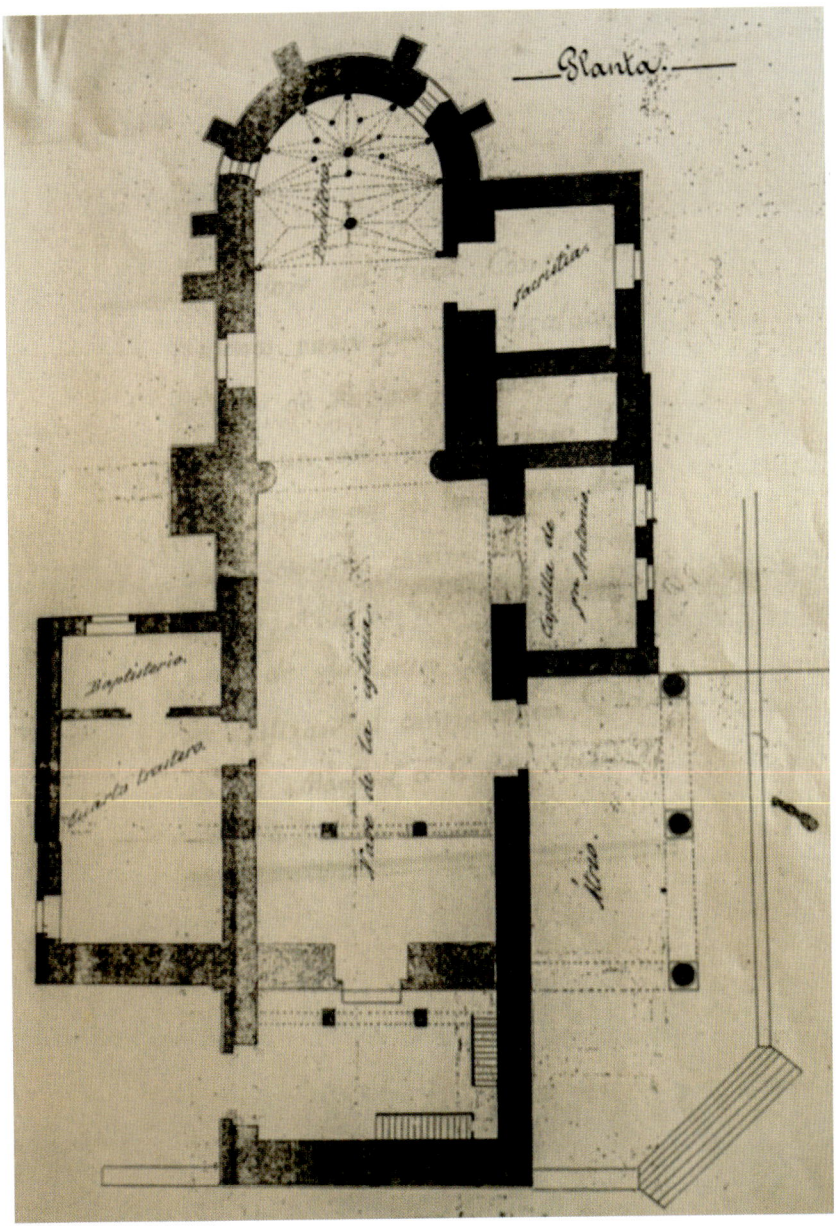

---

346 AHDS., 1.2.2 n.º 402: *Memoria Descriptiva del* "Proyecto de Reparación Extraordinaria de la Iglesia Parroquial de Rollán" de Pedro Vidal; 3 de marzo de 1898.

Me siento en la obligación de explicar, aunque sea muy someramente, qué pasó con algunos detalles que aparecen en esta planta.

La reforma de 1898 consistió en alargar la nave varios metros, quitar la puerta oeste y abrir otra al norte, en la zona ampliada. También se le dio más alzada a la nave.

Por otra parte, se suprimieron el baptisterio y el cuarto trastero que estaban al norte. Y aprovechando el arco de medio punto que daba entrada desde la nave al baptisterio y cuarto trastero, se cambió el altar de San Antonio, encajando su retablo en dicho arco.

La pila bautismal se pasó a la capilla de San Antonio.

Además, se construyó el cuarto trastero en la zona sur pegado a la sacristía, pero sin comunicación con esta ni con la iglesia. Se le llamó, también, cuarto de las andas.

En 1955 se cerró el atrio, aprovechando sus columnas para hacer el centro parroquial.

Apéndice n.º 7

SCRIPTURA I

Real Executoria, y Sobrecarta de la Jurifdicion Eclesiaftica, en el Territorio de la Encomienda de la Magdalena, de la Ciudad de Salamanca, y de la Villa de Rollán, y de fu Anexo, ganada con el Obifpo de dicha Ciudad (donde contiene la sentencia)

(…) Por la prefente declaro pertenecer á la dicha Orden de Alcántara el vifitar las Iglefias de la dicha Encomienda de la Magdalena, y la de la Villa de Rollan, y el tomar las quentas de los bienes, y rentas de ellas, y de las Ermitas, y Cofradías de la dicha Encomienda, y ufar la Jurifdicion Eclefiaftica, y Efpiritual en la dicha Encomienda, y la amparo en la poffeffion, ufo, y coftumbre en que ha eftado, y efta la dicha Orden de Alcantara, y Encomienda de la Magdalena de todo lo fufodicho; y mando, que las dichas partes, en quanto á lo fufodicho, fe abftengan de la profecucion de el dicho Pleyto, y de otro qualquiera que fobre ello tuvieren ante qualefquier Jueces; y que efta mi determinacion y Concordia tengan por ultima fentencia, guardándola cada uno en lo que, le toca inviolablemente. De lo qual mando fe de Executoria á cada una de las partes que la pidiere, para guarda de fu derecho* Dada en San Lorenzo el Real á veinte y feis dias del mes de Junio de mil y quinientos y noventa y un años. YO EL REY…

Del "Bullarium Ordinis Militiae de Alcántara…" En http://e-spacio.uned.es documento3.pdf, p. 536.

Apéndice n.º 8

Recurso de Sebastián Rodríguez, por el pleito contra el prior D. Juan María de Bolaños y Guzmán.

Sr. Juez Protector de las iglesias de Rollán y Garcigrande

Sebastián Rodríguez vecino y colector de granos de las rentas de su iglesia y anexo, de edad de 66 años, sólo y miserable, sin más amparo que el de Dios, a V. S. con el debido respeto y veneración digo: que a consecuencia de la comisión que V.S. se sirvió conferir al Sr. prior de Rollán, para activar las cobranzas de los débitos de las iglesias, se me está ejecutando judicialmente por la cantidad de 22.634 reales que en el año de 1805 resultaron de alcance contra mí a causa de los muchos atrasos de rentas que debían los renteros, cuyas obligaciones y papeles me las robaron los enemigos, hasta el extremo de dejarme sin vestido alguno y deseoso yo de pagar hasta donde alcancen mis facultades, para que a mis fiadores no se les moleste, estoy pronto a hacer dimisión de una casa que tengo al sitio del Ejido, y linda al Norte con el campo, y Mediodía calle de Concejo, en cuya virtud y para que a mis fiadores no se les moleste:

Suplico a V. S. se sirva mandar se admita dicha dimisión de la casa, y que no se hagan costas, ni moleste a mis fiadores, en que recibiré especial merced.

Salamanca y junio 7 de 1815

Firmado
Sebastián Rodríguez

AHN, OO, MM., Archivo Judicial de Toledo, Juzgado de iglesias, *Leg. 5976*, libro 2.º, p. 3.

Apéndice n.º 9

Interrogatorio del Catastro de Ensenada (ver en páginas siguientes).

AHP, *Catastro de Ensenada*, Libro n.º 2002, ff.

INTERROGATORIO

A QUE HAN DE SATISFACER, BAJO de Juramento, las Justicias, y demàs Personas, que harán comparecer los Intendentes en cada Pueblo.

A.

1. Còmo se llama la Poblacion.

2. Si es de Realengo, ù de Señorio : à quien pertenece: què derechos percibe, y quanto producen.

3. Què territorio ocupa el Termino : quanto de Levante à Poniente, y del Norte al Sùr : y quanto de circunferencia, por horas, y leguas : què linderos, ò confrontaciones; y què figura tiene, poniendola al margen.

4. Què especies de Tierra se hallan en el Termino ; si de Regadio, y de Secano, distinguiendo si son de Hortaliza, Sembradura, Viñas, Pastos, Bosques, Matorrales, Montes, y demàs, que pudiere haver, explicando si hay algunas, que produzcan mas de una Cosecha al año, las que fructificaren sola una, y las que necessitan de un año de intermedio de descanso.

5. De quantas calidades de Tierra hay en cada una de las especies, que hayan declarado, si de buena, mediana, è inferior.

6. Si hay algun Plantio de Arboles en las Tierras, que han declarado, como Frutales, Moreras, Olivos, Higueras, Almendros, Parras, Algarrobos, &c.

7. En quales de las Tierras estàn plantados los Arboles, que declararen.

8. En què conformidad estàn hechos los Plantios, si extendidos en toda la tierra, ò à las margenes : en una, dos, tres hileras; ò en la forma que estuvieren.

9. De què medidas de Tierra se usa en aquel Pueblo: de quantos passos, ò varas Castellanas en quadro se compone : què cantidad de cada especie de Granos, de los que se cogen en el Termino, se siembra en cada una.

10. Què numero de medidas de Tierra havrà en el Termino, distinguiendo las de cada especie, y calidad : por exemplo: Tantas Fanegas, ò del nombre, que tuviesse la me-

di-

dida de Tierra de sembradura , de la mejor calidad : tantas de mediana bondad , y tantas de inferior ; y lo propio en las demàs especies , que huvieren declarado.

11. Què especies de Frutos se cogen en el Termino.

12. Què cantidad de Frutos de cada genero , unos años con otros , produce , con una ordinaria cultura , una medida de Tierra de cada especie , y calidad de las que huviere en el Termino , sin comprehender el producto de los Arboles , que huviesse.

13. Que producto se regula daràn por medida de Tierra los Arbolos que huviere, segun la forma, en que estuviesse hecho el Plantio , cada uno en su especie.

14. Què valor tienen ordinariamente un año con otro los Frutos , que producen las Tierras del Termino , cada calidad de ellos.

15. Què derechos se hallan impuestos sobre las Tierras del Termino , como Diezmo , Primicia , Tercio-Diezmo, ù otros ; y à quien pertenecen.

16. A què cantidad de Frutos suelen montar los referidos derechos de cada especie ; ò à què precio suelen arrendarse un año con otro.

17. Si hay algunas Minas , Salinas , Molinos Harineros , ù de Papel , Batanes , ù otros Artefactos en el Termino , distinguiendo de què Metales , y de què uso , explicando sus Dueños , y lo que se regula produce cada uno de utilidad al año.

18. Si hay algun Esquilmo en el Termino , à quien pertenece , què numero de Ganado viene al Esquilèo à èl , y que utilidad se regula dà à su Dueño cada año.

19. Si hay Colmenas en el Termino , quantas , y à quien pertenecen.

20. De què especies de Ganado hay en el Pueblo , y Termino , excluyendo las Mulas de Coche , y Cavallos de Regalo ; y si algun Vecino tiene Cabaña , ò Yeguada , que pasta fuera del Termino , donde , y de què numero de Cabezas , explicando el nombre del Dueño.

21. De què numero de Vecinos se compone la Poblacion , y quantos en las Casas de Campo , ò Alquerias.

22. Quantas Casas havrà en el Pueblo , què numero de inhabitables , quantas arruinadas : y si es de Señorio, explicar

si

fi tienen cada una alguna carga, que pague al Dueño, por el eftablecimiento del fuelo, y quanto.

23. Què Propios tiene el Comun, y à què afciende fu producto al año, de que fe deberà pedir juftificacion.

24. Si el Comun disfruta algun Arbitrio, Siffa, ù otra cofa, de que fe deberà pedir la concefsion, quedandofe con Copia, que acompañe eftas Diligencias: què cantidad produce cada uno al año: à què fin fe concedió, fobre què efpecies, para conocer fi es temporal, ò perpetuo, y fi fu producto cubre, ò excede de fu aplicacion.

25. Què gaftos debe fatisfacer el Comun, como Salario de Jufticia, y Regidores, Fieftas de Corpus, ù otras: Empedrado, Fuentes, Sirvientes, &c. de que fe deberà pedir Relacion authentica.

26. Què cargos de Jufticia tiene el Comun, como Cenfos, que refponda, ù otros, fu importe, por què motivo, y à quien, de que fe deberà pedir puntual noticia.

27. Si eftà cargado de Servicio Ordinario, y Extraordinario, ù otros, de que igualmente fe debe pedir individual razon.

28. Si hay algun Empleo, Alcavalas, ù otras Rentas enagenadas: à quien: fi fuè por Servicio Pecuniario, ù otro motivo: de quanto fuè, y lo que produce cada uno al año, de que fe deberàn pedir los Titulos, y quedarfe con Copia.

29. Quantas Tabernas, Mefones, Tiendas, Panaderias, Carnicerias, Puentes, Barcas fobre Rios, Mercados, Ferias, &c. hay en la Poblacion, y Termino: à quien pertenecen, y què utilidad fe regula puede dàr al año cada uno.

30. Si hay Hofpitales, de què calidad, què Renta tienen, y de què fe mantienen.

31. Si hay algun Cambifta, Mercader de por mayor, ò quien beneficie fu caudal, por mano de Corredor, ù otra perfona, con lucro, è interès; y què utilidad fe confidera le puede refultar à cada uno al año.

32. Si en el Pueblo hay algun Tendero de Paños, Ropas de Oro, Plata, y Seda, Lienzos, Efpeceria, ù otras Mercadurias, Medicos, Cirujanos, Boticarios, Efcrivanos, Arrieros, &c. y què ganancia fe regula puede tener cada uno al año.

Què

33. Què ocupaciones de Artes mecanicos hay en el Pueblo, con diftincion, como Albañiles, Canteros, Albeytares, Herreros, Sogueros, Zapateros, Saftres, Perayres, Texedores, Sombrereros, Manguiteros, y Guanteros, &c. explicando en cada Oficio de los que huviere el numero que haya de Maeftros, Oficiales, y Aprendices; y què utilidad le puede refultar, trabajando meramente de fu Oficio, al dia à cada uno.

34. Si hay entre los Artiftas alguno, que teniendo caudal, haga prevencion de Materiales correfpondientes à fu propio Oficio, ò à otros, para vender à los demàs, ò hiciere algun otro Comercio, ò entraffe en Arrendamientos; explicar quienes, y la utilidad, que confideren le puede quedar al año à cada uno de los que huvieffe.

35. Què numero de Jornaleros havrà en el Pueblo, y à còmo fe paga el jornal diario à cada uno.

36. Quantos Pobres de folemnidad havrà en la Poblacion.

37. Si hay algunos Individuos, que tengan Embarcaciones, que naveguen en la Mar, ò Rios, fu porte, ò para pefcar: quantas, à quien pertenecen, y què utilidad fe confidera dà cada una à fu Dueño al año.

38. Quantos Clerigos hay en el Pueblo.

39. Si hay algunos Conventos, de què Religiones, y fexo, y què numero de cada uno.

40. Si el Rey tiene en el Termino, ò Pueblo alguna Finca, ò Renta, que no correfponda à las Generales, ni à las Provinciales, que deben extinguirfe: quales fon, còmo fe adminiftran, y quanto producen.

Tablas cronológicas

Fecha	Acontecimiento
Año 1182	Fecha en una piedra fundacional. Probablemente de la iglesia de San Juan.
14 marzo 1194	1.ª referencia escrita a Rollán (*Ratulan*). La incautación, por Alfonso IX de León, de la iglesia de San Juan.
Julio 1219	Año en que, probablemente, Rollán comenzó a pertenecer a la Orden de Alcántara.
8 abril 1268	El maestre García Fernández de Barrante dio fuero a la aldea de Rollán.
20 mayo 1320	Alfonso IX, de acuerdo con su abuela D.ª María de Molina, concede a Rollán el derecho a introducir vino en la villa.
31 octubre 1425	Sentencia del pleito con la ciudad de Salamanca, sobre la jurisdicción civil de Rollán. Tendría jurisdicción propia y dos alcaldes.
22 julio 1429	El rey Juan II concede a Rollán la jurisdicción criminal, y ratifica la civil. Según Torres Tapia, el propio maestre, Juan de Sotomayor viene a Rollán para comunicárselo personalmente a los alcaldes y a todos sus habitantes.
Finales s. XV	Hay un convento de franciscanos, y un hospital que depende de ellos.
Año 1506	Se menciona por primera vez un prior de Rollán, ya fallecido: frey Antonio de Burgos.
Principios s. XVI	Renovación de la iglesia parroquial. Pasa a ser la iglesia de San Lorenzo Mártir.
Año 1516	El obispo de Salamanca, D. Gil Martínez, es quien primero se refiere al beneficio curado de Rollán.
Año 1553	Carta del rey Carlos I con motivo de un pleito del Concejo de Rollán con el comendador frey Antonio Galíndez de Carvajal.

18 agosto 1559	Bula de Paulo IV concediendo al rey, como administrador perpetuo de la orden, el patronazgo y nombramiento del prior de Rollán, después de consultar con el Real Consejo de Órdenes.
4 diciembre 1566	Bula de Pío V refrendando la de Paulo IV.
Año 1569	Pleito del Concejo contra Juan González por usar el oficio de escribano sin serlo.
19 agosto 1570	Provisión Real de Felipe II: Colación de D. Cristóbal de Ribera como rector de la parroquial de San Lorenzo.
Año 1575	Pleito contra Tomé Sánchez y Asensio Herrero por tomar a censo 430 ducados.
10 mayo 1576	Provisión Real dando licencia para sembrar y labrar los 'propios'.
Año 1579	Pleito, por diversas causas, del concejo contra Juan Grijota, administrador y alcalde mayor de la encomienda de la Magdalena.
Año 1585	Pleito, por prohibir sembrar los 'propios', contra un visitador, el comendador Juan Vázquez de Acuña.
Año 1587	Comienza el pleito contra el obispo de Salamanca, D. Jerónimo Manrique de Lara, sobre la jurisdicción eclesiástica del priorato de Rollán al querer visitar las iglesias de la Magdalena y de Rollán.
3 agosto 1590	El rey sentencia que se encargue del censo de 430 ducados, no los vecinos, sino el Concejo.
Año 1591	En el Censo de la Corona de Castilla o Censo de los Millones, Rollán tiene 96 vecinos pecheros y 2 clérigos.
26 junio 1591	Felipe II sentencia, contra el Obispado de Salamanca, que Rollán está excluido de la jurisdicción eclesiástica, porque es territorio *nullíus dioecesis* (de ninguna diócesis).
29 marzo 1606	Se describe cómo toma posesión de Rollán, el prior Lcdo. Dn. Diego de Bargas y Figueroa.
Hacia 1620	Se hace la casa del rentero, con paneras donde recoger "el pan de la renta y caíces"
21 dic. 1625	Convenio por el que se encarga al ensamblador Andrés Rodríguez un retablo para un altar de la iglesia, el del lado de la epístola.
Año 1652	En un apeo ordenado por el comendador, conde de los Arcos, el hospital de la villa de Rollán está sin paredes.
9 abril 1652	Se celebra en Madrid un importante Capítulo General de la Orden de Alcántara.
Año 1668	De Rollán se dice que solo tiene 62 vecinos.

Año 1675	Probable reforma de la Sacristía. Este año aparece grabado en su dintel, por la parte interior de ella. Por la exterior un escudo de la orden.
Año 1700	En este año comienzan papeles y legajos pertenecientes a la judicatura.
11 septiembre 1703	Se produce un incendio en la sacristía y desaparece gran parte del archivo.
Año 1703	En este año comienzan los libros de bautismos, matrimonios y defunciones.
Año 1712	En el Censo de Campoflorido, Rollán tiene 91 vecinos.
Año 1726	En diciembre de ese año se constatan 102 vecinos, según una Certificación del Tributo de Martiniega.
Año 1735	Se cambió la cubierta de la nave de la iglesia poniendo un artesonado y se recompuso la pared de la espadaña. En la campana pequeña aparece grabado este año.
17 febrero 1739	Fecha de la descripción física más antigua, que nos consta, de la iglesia parroquial.
13 junio 1742	Se da la descripción más completa y exhaustiva de la iglesia.
6 agosto 1748	En un apeo aparece, por primera vez, citada la capilla de San Antonio, con tres altares.
1 noviembre 1752	Comienza en Rollán la Operación del Catastro de Ensenada.
Año 1753	El priorato no percibe más que los 10.000 maravedís que le paga la encomienda de la Magdalena.
3 mayo 1753	En otro reconocimiento de la iglesia se dice que toda ella, incluidas las capillas, está enlosada con losas de pizarra y cintas de piedra.
Año 1759	La espadaña de la iglesia tiene piedras desunidas, probablemente como consecuencia del terremoto de Lisboa (1 noviembre 1755).
Octubre 1768	En el Censo de Aranda, Rollán tiene 645 habitantes.
Año 1774	En la iglesia se encuentra en muy mal estado el altar mayor y su retablo. También, Pleito de hacendados y labradores contra vecinos caseros, por el aprovechamiento de pastos.
7 junio 1774	Ejecutoria de sentencia del Consejo de Órdenes contra los vecinos caseros.
Año 1787	En el Censo de Floridablanca, Rollán tiene 676 habitantes.
3 abril 1787	Real Cédula de Carlos III prohibiendo enterrar muertos dentro de las iglesias.
Año 1791	Se reconstruye la ermita de los Santos Mártires.

3 abril de 1796	El prior D. Francisco Valdivia y Donoso realiza una descripción e inventario de la iglesia, bastante amplios. Le acompañó el maestro arquitecto Miguel de la Piedra, que certificó los reparos que necesitaba la iglesia.
25 sep. 1799	Nueva visita del mismo prior que reconoció el Archivo de Caudales, donde quedaban 2.602 rs. y 14 mrs. Pero encontró mezcladas las cuentas de iglesia, ermita y cofradías; y mandó separarlas.
Año 1803	Gran escasez y miseria que se prolongan hasta el año siguiente; por lo que se endeudan los vecinos labradores y caseros.
18 marzo 1808	Los franceses provocan robos y saqueos en Rollán.
1 enero 1810	Algunos miembros de la partida del Charro atacaron en Rollán a un destacamento de franceses, en el paraje de la 'Madroña'.
29 junio 1811	De Rollán salieron 5 lanceros de D. Julián el Charro hacia el Zurguén, donde los salmantinos celebraban una merienda campestre, con la vigilancia de los franceses, a los que hicieron huir, volviéndose los lanceros a Rollán.
En 1815	Pleito de la justicia, regimiento y vecinos de la villa contra el prior frey D. Juan María de Bolaños y Guzmán, por los débitos de la Fábrica de la Iglesia.
2 junio 1817	Instancias de los vecinos del pleito anterior al juez protector de iglesias quejándose del mal comportamiento del prior.
24 nov. 1826	Apeo y deslinde ordenado por el prior frey D. Fernando Zambrano Zambrano.
Año 1826	Según el Diccionario de Miñano, Rollán tiene 762 habitantes.
2 junio 1833	Real Orden sobre la construcción y ubicación de cementerios. Entre este año y 1842 se habilita el actual de Rollán.
Año 1836	Comienza la Desamortización de Mendizábal.
Año 1840	En el Diccionario de Madoz (entre este año y el de 1845), Rollán tiene 186 vecinos = 828 habitantes.
4 enero 1842	Comienzan a registrarse las sesiones del Ayuntamiento en el *Libro de Actas de Sesiones del Ayuntamiento de Rollán*. En esa fecha hay: 1 alcalde, 1 teniente de alcalde, 1 procurador síndico y 6 concejales.
5 febrero 1842	Se acuerda que los regidores vigilasen, por noches alternativas, los sembrados, campos, montes y demás… valiéndose de vecinos jóvenes de buen proceder, para que los acompañen en sus patrullas.
26 marzo 1842	Se acuerda hacer 200 hoyos para plantar árboles en diciembre.
30 abril 1842	Se advierte de una Circular del Ministerio de Hacienda Militar n.º 296 en la que se previene el modo y forma de dar suministro a las tropas, cuando pasan por la villa.

4 enero 1843	Nuevo plantío al concejil de Valderromán, mandando cercarlo de piedra.
21 enero 1843	En Circular n.º 27 del BOP n.º 9 de 21-1-1843, se manda hacer Rondas todas las noches, debiendo ser nombradas vecinalmente.
13 mayo 1845	Se mandó a buscar un arquitecto de Salamanca para que reconociera la bóveda de la iglesia.
16 marzo 1851	En el art. 9 del Concordato con la Santa Sede, se dice que "los pueblos que actualmente pertenecen a Órdenes Militares… se incorporarán a las Diócesis respectivas" (comienza a vislumbrarse el fin de los prioratos).
22 abril 1854	Primer día de mercado semanal en Rollán, para la venta de grano y ganado. Se celebraría todos los sábados.
1 mayo 1855	Se publica la *Ley General de Desamortización* (Ley Madoz).
Año 1862	Aunque aún no ha finalizado el priorato de Rollán, el obispo de Salamanca nombra, como el primer párroco de Rollán, a D. Nicolás Arias Torres.
	En este año, también se inicia el *Libro de Fábrica de la Iglesia Parroquial de San Lorenzo de Rollán*. También se adquirieron las imágenes de Ecce Homo, Virgen del Carmen, Ntra. Sra. de la Soledad y Santa Margarita.
24 enero 1863	El Ayuntamiento acuerda nombrar la Comisión que ha de presenciar y vigilar las operaciones de la corta de 1 000 encinas en el monte comunal.
Marzo 1864	El Ayuntamiento compra un 'reloj de torre' y, con permiso del párroco, se instala en la espadaña de la iglesia.
10 dic. 1864	Acuerdo para hacer una escuela de niños en la Casa Cilla que pertenece al Estado.
Año 1866	Es un año en el que se adjudican varios lotes de los bienes desamortizados, radicados en el término de Rollán.
1 enero 1867	Se forma un nuevo Ayuntamiento del que el gobernador provincial nombra al alcalde y al teniente de alcalde.
12 dic. 1867	Manifiestan: 1.º- Que en el pueblo hay unas 80 familias pobres, jornaleros, que —por falta de trabajo— se hallan reducidos a la mayor miseria. 2.º- Que el resto de vecinos, aunque no tan pobres, no les permite su situación ayudarles con donativos o dándoles trabajo a la clase obrera.
Septiembre 1868	Comienza el Sexenio Democrático hasta diciembre de 1874. Se inicia con la Revolución de La Gloriosa.

20 octubre 1868   La Junta Revolucionaria de la Cabeza de Partido nombra nuevo Ayuntamiento.

2 noviembre 1868   Decreto Ley eliminando las jurisdicciones de las Órdenes Militares.

1 enero 1869   Decreto Ley con el objetivo de secularizar la vida nacional.

13 marzo 1869   Se acuerda roturar y dividir prados y demás terrenos del inventario del patrimonio común, atendiendo a la pobreza y miseria del vecindario. No se incluyen los prados entrepanados. La roturación del terreno del monte puede ascender a 300 huebras. Se dividiría entre 250 vecinos. Cada vecino tocaría a 14 o 15 celemines de sembradura, por 12 años, pero con algunas condiciones.

6 agosto 1870   El Ayuntamiento aprueba el presupuesto de gastos para ese año económico, en 2.728 escudos.

9 noviembre 1872 El Ayuntamiento acuerda la primera ampliación del cementerio, por la parte del mediodía

11 enero 1873   En sesión municipal se decide que una patrulla de 4 hombres vigilen de noche la población, desde las 10 de la noche hasta las 4 de la mañana. Se asignan 3 rs. a cada uno por noche.

14 julio 1873   El papa Pío IX emite la bula *Quo Gravius* con la que se suprime, en España, la jurisdicción eclesiástica especial de las Órdenes Militares.

23 diciembre 1873 El juez eclesiástico del priorato aprueba las últimas cuentas de Rollán perteneciendo a la Orden de Alcántara.

3 febrero 1874   El Boletín Eclesiástico de los obispados de Salamanca y Ciudad Rodrigo publica la *"Supresión de las jurisdicciones de órdenes militares y demás privilegiadas y exentas"*.

14 febrero 1874   Hubo abusos en las roturaciones de terreno sobre caminos vecinales, valles comunes, cañadas y varias tierras a la 'Guedija'. Acordándose acotarlas y deslindarlas. Se nombrarían dos comisiones, para este fin, presididas por concejales. Esto se llevaría a cabo el 17 de marzo, y siguientes, si fuera necesario.

9 marzo 1874   El Gobierno de la República emite un Decreto suprimiendo en España, en cuanto a lo político y civil, las Órdenes Militares.

11 julio 1874   Se dieron reclamaciones de algunos proletarios sobre el trabajo de las comisiones anteriores. Este día se acuerda que una comisión de tres hombres la nombre el Ayuntamiento y otra, también de tres hombres, los interesados; para hacer un segundo acotamiento.

Noviembre 1876   Circular del Obispado encargando a los párrocos den cuenta de los desperfectos en templos, debidos a la costumbre del juego de la pelota.

12 diciembre 1877   Visita pastoral del obispo, y en uno de sus mandatos pide que se interese a las autoridades para ampliar el cementerio, separando, con una pared de corta elevación, sepulturas de párvulos no bautizados y de adultos disidentes.

Julio 1878   Se cambia el 'reloj de torre' a la pared de la Casa Consistorial y escuelas.

1 julio 1879   Hay 320 vecinos.

1 julio 1883   Los vecinos son ya 350.

4 enero 1885   El padrón de este término municipal asciende a 1 383 habitantes.

3 julio 1887   Sigue aumentando la población. Hay 417 vecinos = 1 395 habitantes.

Fuentes documentales

- Archivo Histórico Nacional (AHN)
  - Estado de las Iglesias de la orden
  - Sección de Órdenes Militares
  - Sección Archivo Judicial de Toledo
- Archivo Histórico Provincial de Salamanca (AHP)
  - Boletín Oficial de Ventas de Bienes Nacionales de la provincia de Salamanca.
  - Operación de la villa de Rollán para el establecimiento de la Única Contribución (libros 2002-2006).
- Archivo Municipal de Rollán (AMR)
  Libros de Actas de Sesiones del Ayuntamiento.
- Archivo Parroquial de Rollán (APR)
  - Libro de Fábrica de la iglesia Parroquial de San Lorenzo de Rollán
  - Libro de Cuentas de la Iglesia y Fábrica de la villa de Rollán
  - Libro de Régimen de la Parroquia de Rollán
- Archivo Municipal de Salamanca (AMS)
  Inventario Tumbo.
- Archivo Provincial de Salamanca (APS)
  Protocolos.
- Archivo Histórico Diocesano de Salamanca (AHDS)
  - Boletín Eclesiástico de la Diócesis de Salamanca
  - Boletín Eclesiástico de los Obispados de Salamanca y Ciudad Rodrigo
- Archivo Catedralicio de Salamanca (ACS)
- Biblioteca de la Universidad de Salamanca (BUSAL)
- Biblioteca de la Diputación Provincial de Salamanca (BDPS)
  Boletín Oficial de la Provincia de Salamanca (BOP)

Fuentes tecnológicas

- Instituto Nacional de Estadística (INE):
    - ine.es/prodyser/pubweb/censo_corona/Censo_Corona_T2.pdf
    - ine.es/prodyser/pubweb/censo_aranda/tomo8.pdf
    - ine.es/prodyser/pubweb/censo_floridablanca/tomo3b.pdf
- Universidad Nacional de Educación a Distancia (UNED):
    - http://e-spacio.uned.es/documento2.pdf, pp. 197-199
    - http://e-spacio.uned.es/documento3.pdf, pp. 532-539
- Fundación Dialnet (de la Universidad de La Rioja):
    - http://dialnet.unirioja.es/servlet...
- Biblioteca Digital de Castilla y León:
    - Bibliotecadigital.jcyl,es/es/Catálogo_Imágenes…

Bibliografía

AUROV, O.: *El Concejo Medieval Castellano-Leonés: El caso de Soria*. En "Anuario de historia del derecho español", n.º 76, 2006, pp. 33-80.

BARRIOS GARCÍA, A.: *Repoblación de la zona meridional del Duero. Fases de ocupación, procedencias y distribución espacial de los grupos repobladores*, en "Studia Histórica. Historia Medieval", n.º 3. 1985, pp. 33-82.

BECERRA DE BECERRA, E.: *Las hazañas de unos lanceros: historia del regimiento de caballería 1.º de lanceros de Castilla, según los papeles de don Julián Sánchez García, 'El Charro'*. Diputación de Salamanca, 1999.

BENITO RODRÍGUEZ; J. A.: *El caballero de Alcántara y la iglesia de Rollán http://jabenito. blogspot.com.es* (2014).

— *Rollán cristiano (Apuntes sobre Nuestra Iglesia)*. Rollán, 2005.

CÁMARA Y CASTRO, T.: *Estadismo de la Diócesis de Salamanca*. Salamanca, 1902.

CARASA SOTO, P.: *Los pósitos en España en el siglo XIX*, (en internet) "Investigaciones históricas. Época Moderna y Contemporánea", n.º 4, 1983, pp. 247-304.

CASASECA MANTECA, A. y J. R. NIETO GONZÁLEZ: *Libro de los Lugares y Aldeas del Obispado de Salamanca (Manuscrito de 1604-1629)*, Ed. Universidad de Salamanca, 1982 (de ellos sólo es la Introducción y transcripción).

CORRAL VAL, L.: *La Orden de Alcántara: Organización institucional y cita religiosa en la Edad Media* (en internet). 3 vol. Tesis doctoral, Departamento de Historia Medieval, Universidad Complutense. Madrid, junio, 1998.

DE HINOJOSA Y NAVEROS, E.: *Estudio sobre la historia del Derecho Español. El origen del Régimen municipal en León y Castilla*, Madrid, 1903.

DE LA MONTAÑA CONCHIÑA, J. L.: *La red comendataria alcantarina en el s. XV*, en "Revista de Estudios Extremeños", vol, 64, n.º 2, 2008; pp. 717-760.

DE LOS REYES GARCÍA, A.: *El Pósito*, en internet "Murgetana", n.º 128, Año 2013, pp. 17-46.

DÍAZ DE LA CARRERA, D. (es el editor, no autor): *Difiniciones de la Orden y Cavallería de Alcántara con la historia y origen della*. Madrid, 1663.

DORADO, B.: *Compendio Histórico de la ciudad de Salamanca…* Salamanca, 1776.

GARCÍA GÓMEZ, R.: *La Orden de Alcántara en la provincia de Salamanca. Rollán y la Encomienda de la Magdalena*. Salamanca Provincia Universitaria, 2019.

— *El Rey y el Maestre (Los privilegios de Rollán en el s. XV)*. En "La Madroña", n.º 25. Salamanca, 2020.

— *La villa de Rollán en las Respuestas Generales del Catastro del Marqués de la Ensenada (1752-1753)*. En "La Madroña", n.º 26. Salamanca, 2021.

— *Rollán y su Priorato. Una sonada disputa en los siglos XVI y XVII*, en "La Madroña". n.º 27, Salamanca, 2022, pp. 10-13.

GARCÍA MARTÍN, B.: *El proceso histórico de despoblamiento en la provincia de Salamanca*. Ed. Universidad de Salamanca. Salamanca, 1982.

GARCÍA-FIGUEROLA PANIAGUA, C.: *La aplicación del excedente como indicador económico en el campo salmantino durante el siglo XVIII: Los Villares, Babilafuente, Rollán*, "El pasado histórico de Castilla y León" I Congreso de Castilla y León, Vol. 2, 1983, pp. 541-552.

GARRIDO GONZÁLEZ, J. M.: *Rollán.Buscando en el tiempo*. Caja Salamanca y Soria. Salamanca, 1997.

— *Datos nuevos sobre la historia de Rollán* (trabajo inédito).

GÓMEZ DE SALAZAR, F. y VICENTE DE LA FUENTE.: *Lecciones de disciplina eclesiástica general y particular de España*, Madrid, 1894, 5.ª ed., 2 Tomos.

GÓMEZ MARTÍNEZ, A.: En "Estudios Humanísticos. Historia". *Cargos y oficios municipales en las ciudades de León, Zamora y Salamanca durante el reinado de Carlos III*, n.º 5, año 2006, pp. 159-184.

GONZÁLEZ GARCÍA, M.: *Salamanca: La repoblación y la ciudad en la Baja Edad Media*. Centro de Estudios Salmantinos. Salamanca, 1973. 2.ª edición.

— *Salamanca en la Baja Edad Media*, Ed. Universidad de Salamanca. 1982.

GONZÁLEZ GONZÁLEZ, J,: *Regesta de Alfonso IX*, 2vols. Madrid, 1944/45.

JAVIERRE MUR, A. L. y GUTIÉRREZ ARROYO, C.: *Guía de la sección de Órdenes Militares*. Madrid, 1949.

LLORENTE MALDONADO DE GUEVARA, A.: *Toponimia Salmantina* (edición compilada, ordenada y completada por Rosario Llorente Pinto)*, Diputación de Salamanca, 2003.

LOMAX, Derek W.: *Las Órdenes Militares en la península ibérica durante la Edad Media*. Instituto de Historia de la Teología Española, 1976.

— *La obra histórica de Rades y Andrada*. Ediciones 'El Albir', Barcelona, 1980.

MADOZ, P.: *Diccionario geográfico-estadístico-histórico de España y sus posesiones de ultramar (1840-1845)*. XVI tomos, Madrid, 1850.

MARTÍN MARTÍN, J. L. y GARCÍA, A.: *Cuentas municipales de Gata (1520-1524)*, Universidad de Salamanca, 1972.

MATILLA TASCÓN, A.: *La Única Contribución y el Catastro de Ensenada*. Madrid, 1947.

MERCHÁN FERNÁNDEZ, A. Carlos y BERNAL GARCÍA, T.: *El Estatuto Jurídico de la Orden Militar de Alcántara*. En "Anuario de la Facultad de Derecho. Universidad de Extremadura", n.º 3, 1984-1985, pp. 35-130.

MIÑANO Y BEDOYA, S.: *Diccionario Geográfico-Estadístico de España y Portugal*, 11 vol., Madrid, 1829.

MONSALVO ANTÓN, J.M.: *El sistema político concejil. El ejemplo del señorío medieval de Alba de Tormes y su concejo de villa y tierra*, Universidad de Salamanca Ediciones. Salamanca, 1988.

MUÑIZ, Fr. Roberto.: *Médula Histórica Cisterciense*. T. VII. Valladolid, 1789.

NARANJO ALONSO, C.: *El Priorato de Magacela. Memorias de una Dignidad de la insigne Orden de Caballería de Alcántara*. En "Revista de Estudios Extremeños". T. III. Badajoz, 1947, pp. 379-435.

NOVOA PORTELA, F.: *Los fueros de la Orden de Alcántara en Extremadura (siglos XIII-XIV)*. En "La España Medieval", 2001, n.º 24, pp. 285-310.

O'CALLAGHAN, J. F.: *La fundación de la Orden de Alcántara, 1176-1218.* "Revista Histórica Católica", 1962.

ORTEGA Y COTES, I. J. *et alter. Bullarium ordinis militiae de Alcántara, olim Sancti Juliani de Pereiro*. Madrid, 1759.

PALACIOS MARTÍN, B.: "Colección Diplomática Medieval de la Orden de Alcántara (1157?-1494)".

RADES Y ANDRADA; F. de.: *Crónica de las tres Órdenes y Caballerías de Santiago, Calatrava y Alcántara*. Toledo, 1572.

RIESCO, A.: *Evolución histórica de las parroquias en Salamanca*. Suplemento del Boletín Eclesiástico de Salamanca. Salamanca, 1966.

SÁNCHEZ ALBORNOZ, C.: *Repoblación y Toponimia*.

SÁNCHEZ-ORO ROSA, J. J.: *Orígenes de la iglesia en la diócesis de Ciudad Rodrigo. Episcopado, Monasterios y órdenes militares (1161-1264)*. Ciudad Rodrigo, 1997.

TOMÁS Y VALIENTE, F.: El *marco político de la desamortización en España*, Ed. Ariel, Barcelona, 1972.

— *El proceso de desamortización de la tierra en España*. PDF.

TORRES Y TAPIA, A. de.: *Crónica de la Orden de Alcántara*. Madrid, 1763. (Obra escrita más de 100 años antes; hacia mitad del s. XVII).

VICENS VIVES, J.: *Historia económica de España*. Editorial Teide. Barcelona, 1974.

VILLAR Y MACÍAS, M.: *Historia de Salamanca*. 9 vols. Salamanca, 1887.

VV. AA.: *Historia de Castilla y León*. 10 tomos. Publicada por Ámbito Ediciones S.A. Valladolid, 1985.

VV.AA.: *Boletín Eclesiástico de los Obispados de Salamanca y Ciudad Rodrigo*. Salamanca, 1874.

VV. AA.: Revista "*Sociología Religiosa y Pastoral de Conjunto de la Diócesis de Salamanca*". T. I, Estudio n.º 56, ISPA.

Revistas citadas:

– *Revista de Estudios Extremeños*, vol. 64, núms. 2 y 3.
– *Estudios Humanísticos.* Historia, n.º 5, 2006.
– *Studia Histórica.* Historia Medieval, n.º 3, 1985.
– *Investigaciones históricas.* Época Moderna y Contemporánea, n.º 4, 1983.
– *La España Medieval*, n.º 24, 2001.
– *La Madroña de Rollán*, núms. 25, 26 y 27. Años: 2020, 2021 y 2022.
– *Murgetana*, n.º 128, 2013.

Documentación por internet:

– ine.es/prodyser/pubweb/censo_corona/Censo_Corona_T2.pdf
– ine.es/prodyser/pubweb/censo_aranda/tomo8.pdf
– ine.es/prodyser/pubweb/censo_floridablanca/tomo3b.pdf
– http://e-spacio.uned.es documento2.pdf, pp. 197-199
– http://e-spacio.uned.es documento3.pdf, pp. 532-539
– http://jabenito.blogspot.com.es
– https://dialnet.unirioja.es/servlet...

Abreviaturas y siglas

ACS	=	Archivo Catedralicio de Salamanca
AHDS	=	Archivo Histórico Diocesano de Salamanca
AGS	=	Archivo General de Simancas
AHN	=	Archivo Histórico Nacional
AHP	=	Archivo Histórico Provincial de Salamanca
AMR	=	Archivo Municipal de Rollán
AMS	=	Archivo Municipal de Salamanca
APR	=	Archivo Parroquial de Rollán
BN	=	Biblioteca Nacional
BDPS	=	Biblioteca de la Diputación Provincial de Salamanca
BUSAL	=	Biblioteca Universidad de Salamanca
OO. MM.	=	Órdenes Militares
Ayto.	=	Ayuntamiento
a.	=	áreas
ca.	=	centiáreas
cel.	=	celemines
cént.	=	céntimos
cuart.	=	cuartillos
esc.	=	escudos
f.	=	folio
fan.	=	fanegas
ff.	=	folios
fv.	=	folio vuelta
has.	=	hectáreas
mrs.	=	maravedís
ms.	=	manuscrito
p.	=	página
pts.	=	pesetas
r.	=	revés
rs.	=	reales
vn.	=	vellón